JN059525

今日作って明日から使う

山本昌幸 ［著］

中小企業のための
カンタン
すぎる
人事評価制度

中央経済社

はじめに

　あなたの会社で，初めて社員を雇用します。

　その新入社員向けのパソコンを家電量販店に購入しに行きました。しかし，店員さんから，「パソコンですかぁ，**納品までに半年以上かかりますね**」と言われたらどうしますか？　中古パソコンを即買いしましょうか。

　これと同じことが人事評価制度では当たり前に起こっています。

　今，3月。新年度の4月から人事評価制度を活用しようと思い，専門家に相談したら「**人事評価制度ですかぁ，今月からスグ取り組んで策定して年内の12月完成を目指しましょう。来年の1月から運用できますよ**」との回答が。待てますか？　ちなみに人事評価制度に中古はありません。

今日作って，明日から使える人事評価制度があるのでしょうか？
あるのです！

　一般的に人事評価制度とは，策定に半年から1年超かかってしまいます。今流行りのクラウドの人事評価制度システムであっても突貫で策定して3か月くらいかかるのではないでしょうか。

　この本で紹介しているタッタ1日で策定する「カンタンすぎる人事評価制度」は，1日で2，3種類の「評価表」を策定し，翌日から運用できる人事評価制度です。なぜ，このような人事評価制度が可能なのか。それは，「カンタンすぎる人事評価制度」が，リーダーシップを発揮している強い社長が率いる小規模企業に特化した人事評価制度だからです。そのため「カンタンすぎる人事評価制度」は社長自らが策定することによりごく短期間での策定が実現できるのです。

　ですから，「カンタンすぎる人事評価制度」は，次のような組織向けの人事評価制度といえます。

- 強い社長が率いる組織であること
- 「人材への想い」「会社への想い」「顧客への想い」がある社長が率いる組織であること
- 従業員数29名以下の組織であること

　もちろん，30名以上の従業員数の組織であっても「カンタンすぎる人事評価制度」を活用することは可能です。しかしながら，30名以上の組織の場合は，組織への社長のリーダーシップが強力とはいえない組織が散見します。全従業員の顔と名前が一致しなくなります。そのような組織では「カンタンすぎる人事評価制度」の"良さ"が100％発揮できない場合があるので，あえてこの本では「29名以下の組織のための人事評価制度」としておきます。

　逆に「カンタンすぎる人事評価制度」を導入すべきではない組織としては次が挙げられます。
- 自分が辞めれば済むと思っている社長が率いている組織
- 人材，会社，顧客に邪^{よこしま}な考えを抱いている社長が率いている組織

　このような組織は「カンタンすぎる人事評価制度」を導入すべきではありませんし，開発者の私としては「どうか導入しないでください」とお願いしたい。

　なぜなら，自分が辞めれば済むと思っている社長は組織に対しての想いがどうしても希薄になりがちで，目線が自社人材や顧客ではなく，自分の利益や株主に向いている場合が多いためです。また，「カンタンすぎる人事評価制度」は，社長の想いどおりの組織を実現するためのツールです。ですから，人材，会社，顧客に決して褒められない邪な考えを抱いている社長が策定してしまうと，その"邪な考え"を実現するツールになってしまうのです。それほど，「カンタンすぎる人事評価制度」は強力なツールなため，そのような社長は手を付けないでいただきたい。

　また，あなたは，次のどちらの人事評価制度を使って人材を評価したいですか？

［一般的な人事評価制度］

評価項目	お客様に感じの良い対応ができる
評価基準	S＝良い，A＝やや良い，B＝やや悪い，C＝悪い

［カンタンすぎる人事評価制度］

評価項目	顧客満足度調査結果（年間平均：10点満点中）
評価基準	5点＝9点以上，3点＝7.8点以上9点未満，1点＝7.8点未満

　当然，［カンタンすぎる人事評価制度］の「評価項目」「評価基準」ですね。評価者として評価に悩まなくて済みますから。

　この本をお読みになり，「評価基準」の明確な人事評価制度を策定・運用してください！

　そして，この「カンタンすぎる人事評価制度」は，組織内ですでに活用している仕組みと非常に相性が良いので，連動して運用できます。例えば，ISO 9001・14001・22000・27001・45001，生産性向上取組み，残業削減対策，建設キャリアアップシステム（CCUS），継続教育（CPD），安全管理の仕組み，SDGs，QC活動，IE・VEなどなど。

　これらの仕組み・取組みをぜひ連動させてください。

　この本は，次の方向けに執筆しました。
• 従業員数29名以下の社長，経営層，管理者層
• たとえ1名でも人材（パートであっても）を雇用している事業主

・コンサルタント，社会保険労務士，税理士，中小企業診断士
そして，
・経営者マインドを持つ一般従業員の方
　以上の方は，この本を読み，「カンタンすぎる人事評価制度」を理解していただき，１日で策定して翌日からご活用ください。

2022年3月

山本　昌幸

もくじ

序章

カンタンすぎる「人事評価制度」の目的は人材育成

第1章

一般的な人事評価制度の問題点

第 2 章

小規模企業の人事評価制度はこうする 6 ケ条

第 3 章

「カンタンすぎる人事評価制度」とは？

第4章

「カンタンすぎる人事評価制度」の具体的作成方法

第5章

「カンタンすぎる人事評価制度」を運用して人材育成を成し遂げ，業績向上を実現する

第6章

「やりっぱなしの人事評価制度」にしないこと！

本文に入る前に

人事評価制度の被害者はだれなのか？

人事評価制度の被害者とは，いったいだれなのでしょうか？

この場合の"人事評価制度"とは，ごく一般的な人事評価制度のことを指します。決して，この本で説明していく「カンタンすぎる人事評価制度」のことではありません。

このごく一般的な人事評価制度の被害者とはだれか？

普通に考えると評価される側の人材でしょうか？

いや，違います。

私が考えるごく一般的な人事評価制度の被害者は何といっても，

評価する側（通常は上司・管理者）です。

そこで，部下を評価するように指示された評価者（上司）の呟きを聴いてみましょう。

- 「この評価表で部下を評価しろと言われても評価基準があいまいだから評価しきれないなぁ」
- 「部下に恨まれたくないから全員真ん中あたりの評価にしておくか」
- 「持ち回りで高評価を付けていくか」
- 「12個の評価項目に対して，評価基準がすべて，4＝良い，3＝少し良い，2＝少し悪い，1＝悪い，だから評価に困る。評価基準をその評価項目に適したものにしてほしいなぁ」
- 「この評価制度では部下に評価結果をフィードバックできない」
- 「それにしても，部下から評価結果の根拠を聞かれたらどうしよう」
- 「この評価表だと評価結果のばらつきは必至だな」
- 「ただでさえ自己評価が高い人材が多いのにこんなあいまいな評価制度では，評価結果の根拠も説明できないから，評価される側からの不

満も多そうだなぁ」

　ざっとこんな感じでしょうか。

　以上の事実から，一般的な人事評価制度の被害者は評価する側（通常は上司・管理者）なのです。

　ヒトは，だれもが他人から嫌われたくありません。嫌なことを伝えたくもありません。しかし，組織の中の位置づけが上司や管理者である限り，部下にとって耳の痛いこと・嫌なことも伝えなくてはなりません。

　その際，伝える嫌な内容の根拠が明確であれば自信を持って伝えることができます。例えば，公共工事を中心に請け負っている建設業者の監理技術者に対して，上司である工事部長が「君が担当した〇〇工事は管理が良くなかったので今後は改めてください」と注意した場合，注意を受けた監理技術者としては，自分の管理の何が悪かったのか納得できないと，工事部長からの注意を受け入れがたいですね。

　そこで工事部長に質問するわけです。

　「私の〇〇工事の管理方法がどのように悪かったのですか？」と。

　それに対して，工事部長からの回答が明確でない場合や回答自体がない場合は到底受け入れられません。しかし，工事部長から次のような回答があればいかがでしょうか？

　「君が担当した〇〇工事では，事故には至らなかったが安全パトロールで月平均7.5個の指摘事項があり，発注者から出される評定点数も平均点数より9点も低かったです。さらに実行予算と実績の差について他の工事の平均誤差は3％以内ですが，当〇〇工事では4.8％悪かったのです」

　いかがでしょうか？　このように根拠が明確であればヒトは受け入れることができるのです。

　しかし，現在，多くの人事評価制度では，評価結果の根拠について伝えていないのです。それは，評価基準がない場合や評価基準があいまいな人

事評価制度が横行しているからでしょう。そして，**その被害者は何といっても，そのような欠陥人事評価制度を活用して部下を評価するように指示されている上司・管理者なのです。**

　「カンタンすぎる人事評価制度」は，人材育成を成し遂げ，その育成された人材が力量を発揮することにより企業業績を向上させる（あるいは組織の課題を解決する）ためのツールです。

　人事評価制度は社長のためだけにあると考えられがちなのですが，前述のような状況から困っている上司・管理者（人事評価制度で人材を評価する側）を救うためにも本書を執筆しました。

　ですから本書は，完全に社長・上司・管理者目線で執筆しました。

　さらにご理解いただきたいことは，人材育成により一番得をするのは，人材自身なのです。そう！従業員さんです。従業員さん自身の価値が向上することは会社にとっても価値が高いですが，やはりご本人にとって一番嬉しいことなのです。

序 章

「カンタンすぎる人事評価制度」の目的は人材育成

① 人材育成ができない人事評価制度は今すぐに捨てよう

人事評価制度の目的は何だと思いますか？

「人材を公平・公正に評価することです」と回答される方も多いと思いますが，それは目的ではありません。

そもそも人事評価とは，人材育成のいちプロセスに過ぎません。

どういうことかご説明しましょう。

私は品質マネジメントシステムや環境マネジメントシステム等の審査・監査を主任審査員として過去23年間で1,300回以上実施してきました。ですからマネジメントシステム……いわゆるPDCAの専門家として意見を述べる資格があると自負していますが，人事評価は，人材育成状況のCheck（検証・確認）に過ぎないのです。

まずは人材育成計画を立案し（Plan：計画），人材育成を実施し（Do：実行），人材育成状況の確認をすることが人事評価なのです（Check：検証・確認）。そして，その人事評価の結果，人材育成計画を修正し（Act：改善・処置），その結果を次の人材育成計画に反映させるという（Plan：計画）PDCAを廻していく必要があるのです。

重要なことなのでもう一度，念を押します。

人事評価は人材育成のいちプロセス

　ですから人材育成が成し遂げられない人事評価制度は無意味なのです。

　この本では，人材育成を目的とした社長が今日作って明日から使う「カンタンすぎる人事評価制度」について説明していきます。

② ヒトは他人から評価されることが好きなのか？ 嫌いなのか？

　ところで，ヒトは他人から評価されることが好きなのでしょうか？　嫌いなのでしょうか？　それは……

嫌いではなく，むしろ好き

なのです。

　「えっ？　そんなのウソです」と反論されそうですが，嘘ではありません。しかも，良い評価だけではなく自分に対する悪い評価であっても嫌いではないのです。ただし，条件があります。その条件とは……

評価の根拠が明確であること

です。

　これは人事評価制度において非常に重要なことです。

　根拠のない低評価は，単なる悪口であり，場合によってはパワハラに該当する可能性さえあります。逆に高評価であっても根拠がないのであれば気分的にしっくりこないですね（これもハラスメント？）。

　あなたも想像してみてください。

　「君！　ウチの会社の人材としてはダメだよ」と上司に叱責されたとしましょう。そしてあなたは，「そうなんですか！　私のどの部分がダメなのでしょうか？」と聞いたところ上司は，「ダメなもんはダメなんだ！」との回答。受け入れられますか？　受け入れて修正・改善しようにも困ってしまいますね。

　逆に「あなたは本当に素晴らしいですね！」と褒められたとしましょう。そしてあなたは，「ありがとうございます！　で，私のどこが素晴らしいのでしょうか？」と聞いたところ回答がない。これも困る。

ヒトは，本来，根拠が明確であれば自分に対する低評価についても受け入れるのです。確かに低評価を受けた直後は，「なんで？」「チクショー」と思うかもしれませんが，その根拠が客観的かつ明確であれば受け入れることができ，人間本来の修正本能が働くものなのです。

　私は，「カンタンすぎる人事評価制度勉強会」を2018年9月13日から当原稿を執筆している2021年12月まで86回開催していますが，毎回PDCAを廻して2回と同じ内容の勉強会はないと自負しています。

　なぜ，それが可能なのかというと，複数の社員に3時間の勉強会を毎回モニタリングさせたうえで評価させ，修正点・改善点を指摘させているのです。私を含め講師陣に対する評価は必ずしも良いものばかりではなく，いや，悪い部分を指摘されるので，講師の立場としては，悪い箇所だけを指摘されている気分になります。

　その悪い箇所を指摘された際，講師の1人である私としては，良い気分はしないですし，正直，「生意気なことを言うな」「うるさい！」という心の呟きがあります。しかし，その悪い箇所の指摘の根拠まで示されますので，その数時間後には，勉強会のコンテンツを修正・改善している自分がいるのです。

　悪い評価の根拠まで示されると，納得せざるを得ません。そして，人間本来の修正本能が働き，改善・修正しないと気持ち悪いのです。

　だからこそ評価の根拠は非常に重要なのです。

　このことからも人材に対して高評価や低評価を下す人事評価制度では，評価結果の根拠がいかに重要なのかをご理解いただけると思います。

　評価基準がなかったり，あったとしてもあいまいだったりする人事評価制度は絶対に導入してはいけません。そのことを肝に銘じておきましょう。

③ 「ウチの従業員は勉強しない・努力しない」という 社長の嘆き

　前述のマネジメントシステムの審査・監査では，必ず経営トップ（通常

は社長）インタビューを行うのですが，その際，経営トップから聞かされる愚痴？として多いのが，「ウチの従業員は勉強しない・努力しない」というものです。

そのような"愚痴"に対して私は次のように切り返します。

では，会社（組織）は従業員に「これを越えてください」と
力量のハードルを設定しているのですか？

この私の切り返しに対して，約半数の経営トップは「ハッ」と気づいた表情をしていただけるのですが，残りの約半数の経営トップは，「そんなものを設定しなくても自ら努力すればよいのです」と少々乱暴な意見を述べられます。このような経営トップの下で働いている従業員さんは誠に気の毒です。

この本を読んでくださっている方は大学受験，高校受験，資格試験を経験された方がほとんどだと思います。受験の場合，学校の偏差値・出題傾向・難易度があらかじめわかっているからどこまで努力すればよいのかを理解できたと思います。しかし，仮に自らの受験大学について，「偏差値は40から65くらいで，文系理系の出題傾向もわかりません」では困ってしまいますね。

働く場所においても同じなのです。

会社側・雇用側が「ここまでの技量・知識・能力・力量を身に付けてくださいね」といういわゆる「要求力量のハードル」を設定する必要があるのです。

「要求力量のハードル」が設定されて初めて，人材側は「ここまでの力量を身に付ければいいんだ」と理解でき，努力できるのです。

さらにお聞きします。あなたの組織では「教育訓練計画」はありますか？

「教育訓練計画」を策定するうえでもこの「要求力量のハードル」の存在が非常に重要です。と言いますか，「要求力量のハードル」の存在ナシで適正な「教育訓練計画」は策定できないはずなのです。

この本は，私自身11冊目の著書ですが，そのほとんどの著書の中で大前提としてお伝えしていることがあります。それは，

すべてのコトに根拠がある

（すべての事象に根拠がある，すべての問題に原因がある）

です。

ですから，「教育訓練計画」には根拠が必要なのです。

例えば，ある製造業者の製造部でa氏，b氏，c氏の３人の主任がいる場合，当該企業の製造部の主任に対する「要求力量のハードル」を設定します。そして，a氏，b氏，c氏の現状の力量をプロットした結果，a氏，c氏は，「要求力量のハードル」に届いていませんでした。

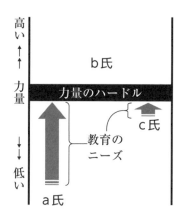

本来この状況ではa氏，c氏に主任を任せることはできないのですが，いきなり主任役職を解くわけにはいかないので，「製造部の主任としての力量のハードル」を越えてもらわなくてはなりません。

この"製造部の主任としての力量のハードル"とa氏，c氏の"現状の力量"との差が教育のニーズであり，この"教育のニーズ"を埋めることが「教育訓練計画」なのです。

要するに「教育訓練計画」の根拠こそが教育のニーズであり，「要求力量のハードル」を明確に設定しないことには教育のニーズが明確にならず，

教育のニーズを明確にせずに策定した「教育訓練計画」は，根拠が不明確なため有効とはいえないのです。

　前述の経営トップへの「では，「これを越えてください」と力量のハードルを設定しているのですか？」の質問に対して，**「当社では職能資格等級が策定されており，その等級が要求力量のハードルに該当しませんか？」**と仰る場合があります。そこで，その「職能資格等級定義表」を拝見するのですが，これが抽象的な表現で具体的な「要求力量のハードル」にはほど遠い。

　たとえば，「会社方針に基づき上長の指示に従い管理補佐にあたる」とは「要求力量のハードル」として具体的にイメージできますか？　具体的にイメージできない力量は越えることはできませんし，努力も難しいのです。このような職能資格等級の表現は，人事の処遇についてさまざまな恣意的な考えを反映させるための大企業用なのです。小規模企業は大企業の人事評価制度をマネしてはいけません。

　「要求力量のハードル」は，簡単に設定できます。まずは，この「要求力量のハードル」を意識していただき読み進めていただくと「カンタンすぎる人事評価制度」をスムーズに理解していただけるでしょう。

④　「要求力量のハードル」の設定方法

　では，どのように「要求力量のハードル」を設定すればよいのでしょうか？

　「要求力量のハードル」を明確にした文書として次の文書が考えられます。

■要求力量のハードルを明確にした文書の例

```
「カンタンすぎる人事評価表」
「力量表」「スキルマップ」
「職能資格等級定義表」
「力量到達表」
その他
```

この本では「要求力量のハードル」を明確にした文書として「カンタンすぎる人事評価表」を説明していきます。

「カンタンすぎる人事評価表」

　9項目の「評価項目」「評価基準」からなり，各「評価基準」は，5点，3点，1点の三段階となっている（最後の9項目目は，10点，6点，2点，0点の四段階）。各「評価項目」の最高点数である5点（9項目目のみ10点）が組織から人材に要求するハードルとなります。

　他の文書も少し説明を加えておきます。

「力量表」「スキルマップ」

　人材ごとに現状保有している力量・スキルを一覧表にした文書。

　現状保有している力量・スキルより一段階上の力量・スキルが組織から人材に要求するハードルとなります。後ほど見本を示します。

「職能資格等級定義表」

　組織が人材に要求する能力について等級に分け（中小企業の場合は3等級から8等級程度），等級別に必要な能力を規定した表のことです。

[職能資格等級定義表のイメージ]

6等級	6等級に必要な能力が規定されている	能力が高い
5等級	5等級に必要な能力が規定されている	↑
4等級	4等級に必要な能力が規定されている	↑
3等級	3等級に必要な能力が規定されている	↑
2等級	2等級に必要な能力が規定されている	↑
1等級	1等級に必要な能力が規定されている	能力が低い

「力量到達表」

　これは，ある企業で毎年入社した人材のほとんどが1年以内に退職し

てしまう原因を取り去るために私が策定した，一定期間ごとに身に付ける力量を明確にした表です。一定期間とは，1週間後，1か月後，3か月後，半年後，1年後，2年後，3年後，5年後，10年後です。

　以上，「カンタンすぎる人事評価表」以外の「要求力量のハードル」を明確にした文書を説明しました。そして，いよいよ本書の主役である「カンタンすぎる人事評価表」を説明していくのですが，ここで注意点。
　一般的な人事評価制度の「人事評価表」のほとんどは「要求力量のハードル」を明確にした文書とは，なり得ていません。その理由は2つ。
　　その1：評価項目と評価基準があいまい
　　その2：異なる評価項目に対して同一の評価基準が使われる

「その1：評価項目と評価基準があいまい」について
　これは評価者泣かせの代表格です。人事評価制度では部下を評価することが一般的ですが，何を評価すべきなのかの評価項目や評価基準があいまいで，そもそも評価基準がない場合もあります。このような人事評価制度の場合，評価者（一般的には上司）は被評価者（一般的には部下）に嫌われたくないため，真ん中あたりの評価を付けることが多く，もしくは，毎回順番に良い評価を付けていくなど，評価になっていない事態が生じがちです。

「その2：異なる評価項目に対して同一の評価基準が使われる」について
　これも人事評価制度のあるあるなのですが，評価項目が異なるにもかかわらず評価基準が「4：良い，3：少し良い，2：少し悪い，1：悪い」などの同一の評価基準で評価するのです。
　そもそも，評価項目が異なれば評価基準も異なるのですが，それができていない。これでは，レストランの評価について「味」「盛り付け」「サービス」の評価項目について，すべて同一の評価基準である「4：良い，

3：少し良い，2：少し悪い，1：悪い」で評価することと同じです。

　本来，「味」の評価は美味しいのか不味いのか，「盛り付け」の評価は盛り付けの美しさや食欲をそそるかの見た目です。「サービス」についても，心がこもっているのかなどが着眼点です。間違っても，「サービス」の評価に美味しいや不味いは使いませんね。

　そもそも異なる評価項目に対して同一の評価基準を当てはめることに無理があるのです。

　「カンタンすぎる人事評価表」では，どのように「要求力量のハードル」を設定するのでしょうか。その前に「カンタンすぎる人事評価表」の評価項目と配点を示します。

自社の存在価値／自社の品質　評価項目	評価基準配点			
①	評価項目	5	3	1	
②	評価項目	5	3	1	
3 年後に達成したい目的　評価項目	評価基準配点			
③	評価項目	5	3	1	
④	評価項目	5	3	1	
会社にとって必要な人材，社長が一緒に働きたい人材　評価項目	評価基準配点			
⑤	評価項目	5	3	1	
⑥	評価項目	5	3	1	
会社にとって人材に要求する業務姿勢　評価項目	評価基準配点			
⑦	評価項目	5	3	1	
⑧	評価項目	5	3	1	
会社にとって解決すべき課題から展開する個人目標　評価項目	評価基準配点			
⑨	評価項目	10	6	2	0

合計点の最高は50点，最低は 8 点

　　　総合評価：S＝42点以上

　　　　　　　　A＝36点以上－42点未満

　　　　　　　　B＝26点以上－36点未満

　　　　　　　　C＝18点以上－26点未満

　　　　　　　　D＝18点未満

（点数の層別は，組織により変動する）

　「カンタンすぎる人事評価表」の評価項目は全9項目で50点満点です。①～⑧項目目は5点満点。⑨項目目は10点満点です。

　「カンタンすぎる人事評価表」における「要求力量のハードル」とは，各評価項目の満点のことです。ただし，評価項目には身に付けて発揮すべき評価項目もあれば，成果を要求している評価項目もありますから「要求力量のハードル」だけではなく「要求成果のハードル」も含まれます。

　以上のように「カンタンすぎる人事評価表」で「要求力量のハードル」を設定していけばよいのです。

　序章の最後に「力量表」（建設業）の見本を掲載します。

力量表

	沢田順二	小山敏	吉田誠	宮坂友和	丸山次郎	西田敏子	近藤博
業務 測量機械で正しく測量できる	A	A	A	A	B	C	D
図面の内容を読み取ることができる	A	B	B	B	A	C	D
実行予算の立案ができる	A	C	A	B	A	C	D
施主との打合せができる	A	B	C	A	B	C	A
特記仕様書が理解できる	A	C	B	C	B	C	C
施工計画書の立案ができる	A	B	B	B	B	D	E
アトラスを用いて積算業務ができる	A	B	B	B	B	D	E
安パトが実施できる	B	A	A	C	C	D	E
ISO9001の理解	B	B	C	D	D	D	D
ISO14001の理解	B	B	C	D	D	D	D
A：教えられる　B：一人でできる　C：補助の下にできる　D：できない　E：業務対象外							
資格 1級土木施工管理技士	○		○	○	○		
2級土木施工管理技士		○			○		
1級管工事施工管理技士	○	○	○				
2級管工事施工管理技士		○				○	
1級建築施工管理技士	○						
2級建築施工管理技士						○	
1級建設機械施工管理技士			○				
2級建設機械施工管理技士		○					
排水設備工事責任技術者			○	○	○		
車両系建設機械運転技能講習修了証	○	○	○	○		○	
職長教育	○	○	○	○	○	○	○
内部品質監査員	○	○	○	○	○		
内部環境監査員	○	○	○	○			
建設業経理事務士			○				
下水道技術検定2種			○				
下水道技術検定3種							

一般的な人事評価制度の問題点

1 「長い」「高い」「面倒くさい×２」

　第１章では，皆さんも触れたことがあるかもしれない一般的な人事評価制度の問題点について考えてみましょう。私自身も20年以上にわたり企業に指導してきた人事評価制度ですから自戒の意味を込めてお伝えします。

　まず，一般的な人事評価制度の問題点は何といっても

「長い」「高い」「面倒くさい×２」

です。

「長い」とは？

　「はじめに」でお伝えしたとおり，「長い」とは，人事評価制度の策定期間が半年から１年超と非常に長いことです。

　モノであっても仕組みであっても，必要なときが使いたいときですね。

　「欲しい！必要だ！」と思っても，使えるのが半年後では，「じゃいいです〜」となりますよね？

　この人事評価制度の策定期間が長すぎるために小規模企業において人事評価制度の導入が進まないことが多々あります。

「高い」とは

　「高い」とは，導入費用が高額という意味です。

　一般的に人事評価制度の導入は専門のコンサルタントに依頼することが定番ですが，そのコンサルティング料金が数百万円から１千万円超と非常に高額なのです。また，導入費用は格安であっても継続的に数万円から十数万円必要で数年間契約解除できない事例も散見されます。小規模企業にとってこれらの費用は負担が大きいのが現実です。

「面倒くさい」その 1 とは？

　1 つ目の「面倒くさい」は，専門のコンサルタントに依頼して高額の
コンサルティング料金を支払い，長い期間かけたとしても，人事評価制度
の策定自体が面倒くさいということです。

　専門のコンサルタントから指導を受けている時間だけでも大変なのです
が，宿題がドッサリ出されるため，その宿題を処理すること自体も面倒く
さいのです。

「面倒くさい」その 2 とは？

　2 つ目の「面倒くさい」も，非常に問題です。

　専門のコンサルタントに高額な費用を支払い，長期間かけて，大変な思
いをして策定した人事評価制度。でも本当に大変なのはこれからなのです。
2 つ目の「面倒くさい」は，人事評価制度の運用自体が面倒くさいのです。

　私も本当に多くの人事評価制度を確認してきて，自分でも策定してきま
したが，その多くは複雑な制度です。そのため自社の人事評価制度を理解
している社員は非常に少なく，極論を言うと総務の人事担当者 1 人くら
いのときもあります。人事評価制度が複雑すぎるということは，運用する
ことが非常に大変ということです。

　私も「カンタンすぎる人事評価制度導入に向けた体験勉強会」を2018
年 9 月から年25回ほど実施しておりますが（延べ85回以上），その出席企
業の約40％が人事評価制度導入済み企業の方です。既存の人事評価制度
はあるけど運用ができていないことに不満があるということでしょう。

② 小規模企業ではさらに「わからない」「使えない」 「伸びない×2」

　一般的な人事評価制度の問題点として「長い」「高い」「面倒くさい×
2」であることは前述で説明しましたが，実は小規模企業においての人
事評価制度の悩みはさらに増えます。それが，

「わからない」「使えない」「伸びない×２」

です。

「わからない」とは？

　小規模企業にとって，人事評価制度とはどのような仕組みなのかわからないということです。それだけ難解なイメージであり，実際に難解な人事評価制度が存在しているということでしょう。

「使えない」とは？

　小規模企業にとって使っていくには難しすぎる人事評価制度が多いということと，そもそも小規模企業には必要ない（使えない）人事評価制度が多いということです。

「伸びない」その１とは？

　小規模企業にとって１つ目の「伸びない」とは，人事評価制度を導入しても人材の技量，知識，能力及び力量が伸びないということです。

　序章で説明したとおり，人事評価制度の目的は人材育成ですから，人材の力量等が伸びないのであれば人事評価制度を導入する意味がありません。

「伸びない」その２とは？

　小規模企業にとっての２つ目の「伸びない」とは，人事評価制度を導入しても企業の業績が伸びないということです。

　企業の重要な目的として業績アップがありますが，それが実現できないのです。

　人材育成のその先にあることは企業の業績アップだと私は思っています。人事評価制度導入により育成された人材が力量を発揮することにより企業業績がアップするのです。それが既存の人事評価制度では実現できていないというのが現状でしょう。

③ 「三密」の人事評価制度

コロナ禍ですっかり定着した感がある「三密」という文言。実は，既存の人事評価制度の多くが「三密」なのです。

「緻密」すぎる複雑な人事評価制度を使い，人材を「密室」で評価し，評価結果を「内密」にしておく。

そもそも人事評価制度は，だれでも理解できるシンプルな仕組みが望ましいのです。緻密すぎる人事評価制度は組織の自己満足といえるでしょう。

そして，評価はオープンであるべきです。確かに評価結果を人事評価制度導入初年度からフルオープンにするには抵抗があるかもしれませんが，あらかじめ何ができれば高評価を獲得できるのかという「評価項目」と「評価基準」を公表しておくことにより評価結果もオープンにできるのです。

評価結果をオープンにせず，ひどい場合には（実際多くの組織でありますが），本人にさえも評価結果のフィードバックができない人事評価制度が存在します。このような人事評価制度では人材からの賛同を得ることは無理な話で何のための評価制度なのかわからなくなります。

④ すでに導入・運用されている組織内の仕組みと連動していない

人事評価制度以外にも組織は，既存の仕組み，制度及びルールが存在しています。これらと人事評価制度を連動させシナジー効果をもたらさなければなりません。

非常に残念なことですが，「1＋1＋1」が「3」ではなく，「2」になっている組織がなんと多いことか。本来「1＋1＋1」は「4」にしなくてはなりませんが，お互いの仕組みやルールが相反することにより足の引っ張り合いになっているのです。

例えば，「就業規則」には，原則，残業禁止と規定してあるにもかかわ

らず，「人事評価表」には，残業要請を断らない人材が高評価を獲得するようになっている。非常に矛盾ですね。

　「1＋1＋1」が「4」になっている事例もあります。例えば，品質マネジメントシステムと環境マネジメントシステムの連動は当たり前であり，建設業における施工管理と安全管理も当然のように連動しています。しかし，残念ながらその仕組みや制度の中には人事評価制度は蚊帳の外。

　では，なぜ，人事評価制度は他の仕組みやルールと連動していないことが多いのか。

　原因は2つ考えられます。1つ目の原因として人事評価制度を新規策定する場合の社内担当者や外部コンサルタントが人事評価制度以外の他の仕組みやルールについて理解していない方が多いということ。2つ目の原因として，そもそも異なる仕組みやルールを連動させようと思わないことです。

　私のようにマネジメントシステムの専門家から見ると仕組みやルールの連動は当たり前のことであり，逆に複数の仕組みが相反していないのかを常に監視しながら仕組みの構築を行うのですが，その視点は特異なのかもしれません。

コラム　「カンタンすぎる人事評価制度」と他の仕組み・ルールとの連動——建設業の事例

　組織内で運用している他の仕組み・ルールとの連動について大切なことなのでコラムとして補足しておきます。

　人事評価制度は，すべての業種で導入すべきであり，「カンタンすぎる人事評価制度」も数えきれないくらいほどの業種で導入されています。そして，各業種にはその業種特有の仕組み・ルールがあり，その仕組み・ルールと「カンタンすぎる人事評価制度」を連動させてください。

　当コラムでは当社の顧客業種の中で一番多い建設業（当社も建設業会館の7階にあります）を例にとり，建設業特有の仕組みとの連動について解説します。

　建設業者において「カンタンすぎる人事評価制度」とぜひ連動させていただきたい仕組みが「建設キャリアアップシステム：CCUS」と「継続教育：CPD」です。ここでは，「CCUS」を取り上げましょう。

　「CCUS」とは，一般財団法人建設業振興基金が運営する建設業に従事する技能者の就業実績，資格を登録して，公正な評価を行い人材育成につなげる制度です。また，その結果，建設業者の施工品質向上，現場の生産性向上などにつなげます。

　登録した技能者の技能は4つのレベルに分類され，ランクアップを目指していく制度であり，職種ごとに能力評価基準が設定されています。

　これこそ私が提唱している「要求力量のハードル」であり，職種別の「建設技能者の能力評価基準」と「カンタンすぎる人事評価制度」の「人事評価表」を連動させることにより，建設業における人材育成はもちろんのこと，人手不足解消，若年労働者の育成が実現できるのです。

　そもそも，人材が辞めてしまう原因，育成されない原因は，自分の価値が今後どのようになっていくのかが見えないことです。それを「CCUS」と「カンタンすぎる人事評価制度」を連動させ建設業で働く技能者の力量の見える化をしていくことにより，人材の定着・育成につなげます。そのため，当社でも「CCUS／CPDを活用し賃金アップを実現する人手不足解消・人材育成手法セミナー」を開催し，啓もうしていきます。

　当コラムでは，建設業を取り上げましたが，各業種でこのような取組みがありますので，ぜひ「カンタンすぎる人事評価制度」と他の仕組み・ルールとを連動させましょう。

5 小規模企業が大企業のマネをしてはいけない8ケ条

(1) 十把一からげの人事管理

　ヒトは10人いれば10通りの人材が存在します。それをJIS規格よろしく一括管理することに意味があるのでしょうか。小規模企業においては，標準化された人材ばかりでは小回り経営ができる小規模企業の長所を消してしまうことになります。

　人材はそれぞれ抱えている事情が異なり，考え方も興味を示す方向も異なるのです（拙著『短時間で成果をあげる働きながら族に学べ！』も参照）。それを十把一からげに管理することは人材の個性・長所を消し去ることになり非常にもったいない。

　大企業のように「当社のルールに従えないのでしたらどうぞお引取りください」という殿様的な人事管理は小規模企業が行ってはダメなのです。

　この人材は，何を考え，何が得意で，何がしたいのか。それをきめ細やかにくみ取り実現させる，人材に寄り添う人事管理はできないのでしょうか。もちろん，組織として100％人材からの要求・要望に応える必要はありませんが，検討の余地はあるのです。そして，それを上手く活用していく。これこそが小規模企業の取るべき人事管理なのです。

　このことから人事評価制度も小回りの利く人事評価制度にすべきでしょう。

(2) 大企業はあいまいな評価制度をあえて実施している

　当章では，一般的な人事評価制度の問題点を取り上げていますが，人事評価制度のあいまいさの問題を認識しながらあえて活用しているのが大企業です。

　この"あいまいさ"が大企業にとって都合がよい場合があるのです。

　評価根拠が明確で小学生でも評価可能な「カンタンすぎる人事評価制度」のような人事評価制度は，大企業では馴染まないのです。なぜかとい

うと，明確すぎる評価根拠があると，人事評価の結果を活用せざるを得な
いからです。しかし，評価結果の根拠があいまいであればあるほど，恣意
的な組織の都合を入れ込むことができるのです。それがさまざまな事情が
交錯する大企業にとっては都合がよいのです。

　小規模企業においてこのあいまいさは害以外のなにものでもありません。

　小規模企業が導入すべき人事評価制度は，評価結果の根拠が明確でなく
てはなりません。

(3)　ワークライフバランスはやるべきことをやってから

　その時々で時流に乗ったフレーズがありますが，ワークライフバランス
もその1つといえるでしょう。誤解を招かないために付け加えますが，
ワークライフバランスは非常に重要なことです。ただ，小規模企業にとっ
てワークライフバランスよりも優先度の高い取組みが山積していることを
認識していただきたい。その証拠にコロナ禍とともにめっきり耳にするこ
とがなくなったフレーズがワークライフバランスです。

　小規模企業にとってワークライフバランスよりも重要なこと。それは，
人材育成でしょう。そして，その育成された人材が力量を発揮することに
よる業績向上・組織改善を実現させるのです。ですからワークライフバラ
ンスの前に取り組むべき重要事項として人材育成が実現できる人事評価制
度の導入があるのです。

(4)　没個性指導：エッジの効いた人材が小規模企業を救う

　「(1)　十把一からげの人事管理」とも重複しますが，大企業では隅に追
いやられたり，適正な評価を受け難いエッジの効いた人材（尖った人材）
を小規模企業では十分に活用すべきと思います。

　確かに10人の全従業員中半数の5人がエッジの効いた人材の場合，一
部の業種を除いて収拾がつかなくなる可能性もあります。しかし，活用方
法を誤らなければ貴重な戦力になるのです。ただし，この手の人材は気難

しい人材が多いので雇用側である社長や上司が試されることになります。

この"試される"を社長や上司に課されたハードルとして乗り越えることで経営者や上司として一皮むけることになります。「カンタンすぎる人事評価制度」は，エッジの効いた人材を有効活用するためのツールでもあるのです。

(5)　能書きを許すな！　できない人材ほど言い訳が多い

「カンタンすぎる人事評価制度」は，社長自らが策定することになりますが，社長が「評価表」策定部署の業務を十分に把握できていない場合は，当該部署の責任者（一般的には部長等の管理職）と一緒に策定することになります。その際，一緒に策定する当該部署の責任者にはリトマス試験紙を舐めてもらうことになります。どういうことなのでしょうか？

人事評価制度に完璧はありません。「カンタンすぎる人事評価制度」も然りです。言い方を変えると不備があるのです。ですから常にPDCAを廻して少しでも改善していく必要があるのです。これはどのような仕組みでも制度でもルールでも当たり前のことなのですが，「評価表」策定のために社長から呼ばれた当該部署の責任者でリトマス試験紙に反応してしまう管理職がいるのです。

「こういう場合はどうするのですか？」などとちょっとした不備や疑問を大げさにぶつけてくるのです。

彼らの本音はやりたくないのです。面倒くさいのです。このままがよいのです。それを正直に伝えればよいのですが，与えられた役職を必死に守りたいがために導入しようとしている仕組みに難癖をつけるのです。

このような反応をした管理職に対しては，何らかの処置を施すことを心がけましょう。このダメ管理職を明確にできることも「カンタンすぎる人事評価制度」導入の副産物といえましょう。

(6)　優秀な人材が入社すると思うな（育成あるのみ）

これも誤解が生じる表現ですね。

小規模企業に入社する時点では，優秀でなくてもよいのです。

入社時点で優秀ではない人材を育成により優秀にするのです。

料理でも同じですね。高級食材を活用した料理が美味しいのは当たり前。美味しくないのは料理を作る人の技術に問題があるのです。有能な料理人は食材に難があっても美味しい料理に仕立て上げます。小規模企業が有能な料理人に匹敵するのかは別として，人材育成ができる仕組みがあればよいのです。それを「カンタンすぎる人事評価制度」で実現しましょう。

(7)　人材が自ら勉強すると思うな：ハードルを設定しろ

放置しておいても自ら勉強する人材は10％だと思ってください。

ではどうするのか？　それは，序章で説明した「要求力量のハードル」を設定しなくてはなりません。どのくらいの技量，知識，能力及び力量を身に付けるのかを示してあげるのです。要は，人材が努力しやすい状況を作り出してあげるのです。

「カンタンすぎる人事評価制度」では，「評価表」自体に「要求力量のハードル」設定が可能なのですから。

(8)　なんでもIT化は控えるべし

IT化，非常に重要ですね。当社においても積極的にIT化を進めています。しかし，ITは万能ではありません。ヒトが人の評価を放棄してはいけません。

人事評価制度くらいはアナログな部分をあえて残しておくべきなのかもしれません。それによって血の通った人事管理が実現可能なのです。

「カンタンすぎる人事評価制度」は，IT化も可能ですが，思いっきりアナログで運用することも十分可能なのです。これこそ小規模企業に特化した人事評価制度といえるでしょう。

第 2 章

小規模企業の人事評価制度は
こうする 6 ケ条

1 その1：小規模企業の人事評価制度の目的を明確に認識する

　小規模企業が人事評価制度を導入する目的は何でしょうか？

　序章で，"人事評価は人材育成のいちプロセス"と説明したとおり，零細企業・中小企業が人事評価制度を導入する目的は，人材育成であり，後継者の育成といえます。次に組織の課題を解決すること。そして，組織内のルール・仕組みづくりなのです。1つひとつ説明していきましょう。

(1)　目的1：人材育成，後継者育成

　大企業や中堅企業の人事評価制度の目的は人事評価という，人材の順位付けであることは理解できると思います。

　大企業や中堅企業では，豊富な人材を競わせることにより切磋琢磨させ成果を出させるのです。こう考えると大企業や中堅企業の人事評価制度の目的も小規模企業同様に人材育成ともいえます。しかし，大企業や中堅企業の人事評価制度では，人材育成という機能は含まれていませんし，含める必要性もないのかもしれません。

　翻って小規模企業の人事評価制度は，人材育成機能が含まれているべきです。人材育成ができない人事評価制度は，欠陥であるといわざるを得ません。このことから人材育成が実現できる人事評価制度は，従業員を1名でも雇用したのであれば導入すべきなのです。いや，少人数の組織であればあるほど人事評価制度を導入して人材育成を成し遂げることにより業績向上の確率が高まるのです。

　以上のように1名の人材のために人事評価制度を活用するということは，後継者の育成，ナンバー2，経営者の右腕の育成を実現するためのツールであるといえます。例えば，20名の従業員のうち，後継者候補の1名に対してだけ人材育成のツールとして活用することもできるのです。

　以上のように小規模企業にとって人事評価制度は人材育成が目的なのです。

⑵　目的2：組織の課題を解決すること

　組織は何らかの解決すべき課題があるはずです。

　どんなに大企業であっても優良企業であっても解決すべき課題がない企業はあり得ません。小規模企業であればなおさら，解決すべき課題は山積しているでしょう。その課題を解決するためのツールとして人事評価制度を活用すべきなのです。

　このことを簡単に図示すると次のようになります。

【カンタンすぎる人事評価制度で課題を解決する】

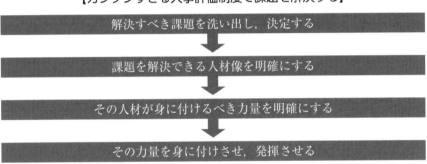

　一番下の「その力量を身に付けさせ，発揮させる」ためのツールとして「カンタンすぎる人事評価制度」が活用できるのです。

⑶　目的3：組織内のルール・仕組みづくり

　私は社会保険労務士として開業して30年以上経過しました。ここでは，社会保険労務士としての視点で考えてみましょう。

　使用者は労働者に対して業務上の指示を行う権限があります。

　労働者は使用者からの指揮命令に従う義務があります。

　読者のあなたは，この本を業務時間中に読んでいるとしましょう。このとき，部下や従業員に対して指示をしていませんが，部下や従業員は業務を処理しています。

「○○をしてください，△△はしないこと」のようにいちいち指示をしなくても部下や従業員は業務を遂行し組織活動が成り立っています。なぜでしょうか。それは，組織内にルールや仕組みが存在するからです。

　明文化されているか否かは別としてルールや仕組みが存在しているのです。

　「カンタンすぎる人事評価制度」で具体的な評価項目と評価基準を策定していくと，必要な仕組みやルールが明確になるのです。これは，あくまで"具体的な評価項目と評価基準"の策定を試みるために明確になるのです。例えば，業務改善の提案数や実施数を評価項目とする場合，自組織に改善提案制度が存在しないのであれば，その仕組みを作ることになります。また，ルール遵守を評価項目とする場合は，ルール自体の策定が必要になるでしょう。

　以上のことから「カンタンすぎる人事評価制度」で具体的な評価項目と評価基準を策定していくプロセスにおいて組織内のルール・仕組みづくりが可能になるのです。

② その２：人材への期待を伝える

　小規模企業の人事評価制度の目的は，人材の順位付けではなく人材育成であることを説明してきましたが，人材から見ると人事評価制度という"評価"という文言が入っているだけで，ネガティブな印象を持つことが非常に多い。

　このネガティブな印象を払拭するために「人事評価制度」をあえて「人材育成制度」と名称変更し，「人事評価表」を「人材育成表」にして，「評価項目」を「育成項目」にし，「評価基準」を「能力発揮基準」にする場合もありますが，あえて"評価"という文言を前面に出したうえで，「当社の人事評価制度は，あなた達の価値を上げるための仕組みであり，育成のための仕組みなのです」と従業員に理解を促す場合もあります。

　同じ仕組みでも「人事評価制度」と「人材育成制度」のどちらにするの

かは社長が判断することなのですが，必ず実施していただきたいこととして，従業員に対して期待していることは伝えましょう。

　企業で働く従業員に限らず，学校における生徒でもモチベーションが下がる大きな要因の1つとして「無関心」があります。

　ヒトは，自分に対して関心を持たれることについて，一部の例外を除き悪い気はしないでしょう。しかも，その"関心を持たれること"が自分に対する期待であればなおさらです。確かに期待されすぎて重く感じる場合も否定しませんが，悪い気はしないものです。

　ですから小規模企業であればあるほど，人材に対して期待を持ち，その期待を本人に伝えましょう。そして，その期待を文書化しましょう。いくら口先で「期待しているよ」と伝えたところで，人材からしてみると何を期待されているのか，なぜ期待されているのかが理解されません。

　だからこそ，「人事評価表」で期待していることを文書化するのです。期待していることを文書化することにより，なぜ期待されているのかも理解されるのです。そして，その期待こそが「要求力量のハードル」でもあるのですから。

③　その3：「自分ごと」として理解させる

　社長として，管理者として次の想いを抱いたことはありませんか？
　　　　　　「なぜ，やってくれないのか？」
「なぜ，経費削減してくれないのか？」「なぜ，業務改善のアイデアを出してくれないのか？」「なぜ，整理整頓してくれないのか？」など。

　それは，所詮，他人ごとだからです。自分がやらなくても，他の人がやるし（多分），自分自身が損をしないですから。

　40年以上前の私の話をします。

　私が中学1年生のときの話です。当時，英語の授業終了後に起立して先生にあるフレーズをクラス全員で言わされていました。そのフレーズとは，
　　　　　　「シーワゲン」

です。

「シーワゲン」。私は何を言わされているのか全く理解していませんでしたし、興味もありませんでした。それから数年経ち、当時のクラスメイトに聞きました。「英語の○○先生が僕らに授業終了後に言わせていた『シーワゲン』ってどういう意味？」と。

そのクラスメイトは、「お前アホか、『see you again』：『またね』って意味だろ」と。

私にとって、英語の授業終了後に言わされていた行為はまさに他人ごとだったのです。でも、もし英語の先生が「授業の最後に私に向かって皆が言っているフレーズの綴りと和訳を次の試験で出題します」と言ってくれれば、私でさえも速攻で覚えていたでしょう。これは、「他人ごと」ではなく「自分ごと」にするために必要な施策なのです（注：今思うと、英語の先生は最初の段階でsee you againの意味を教えていてくれたと思いますが……）。

以上の私の中学時代の馬鹿な話からも、ヒトは「自分ごと」として認識しないと行動しないことをご理解いただけたと思います。

要求されたこと、指示されたこと、さまざまな仕組みの活用、ルール遵守など、行動しなくても自分が損をしないのであれば（得をしないのであれば）、「所詮他人ごと」と思い、行動に移さないヒトが普通なのです。

だからこそ「自分ごと」と理解させ行動してもらうために「人事評価制度」を活用するのです。

してほしい行動、守ってほしいルール、活用してほしい仕組みなどを評価項目として設定し、どこまでやったら（やらなかったら）高評価を獲得できるのかの明確な評価基準と共に設定しておくのです。

「高評価の獲得＝自分が得をする」「低評価の獲得＝自分が損をする」ですから。

さらに評価されるということは、「同僚の○○さんに比べて自分はどう評価されたのか？」ということですね。

　確かに「カンタンすぎる人事評価制度」は，評価を目的とした仕組みではありませんが，「他人と比べて自分の位置づけ（評価）はどうなのか」という人間の心理を上手く活用することは悪いことではありません。

　このことは，人事評価制度を導入することで人材に「自分ごと」と捉えてもらうことになります。

4　その 4 ：合理的でない処遇差の払拭／根拠と共にフィードバック

　ここでは，人事評価制度に対する意識調査を見てみましょう。

　この評価結果は以下のとおりです。

Q ：勤務先の人事評価制度の満足度について
A ：・不満 ＝ 62.3％
　　　・満足 ＝ 37.7％

勤務先の人事評価制度の満足度

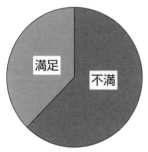

Q ：人事評価制度に不満を感じる理由
A ：・評価基準が不明確 ＝ 62.8％
　　　・評価者の価値観や業務経験によって
　　　　評価にばらつきが出て不公平だと感じる ＝ 45.2％
　　　・評価結果のフィードバック，説明が不十分，もしくはそれらの仕組みがない ＝

28.1%
- 自己評価よりも低く評価され，その理由がわからない＝22.9％

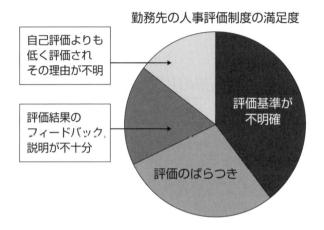

勤務先の人事評価制度の満足度

自己評価よりも低く評価されその理由が不明

評価結果のフィードバック，説明が不十分

評価基準が不明確

評価のばらつき

Q：勤務先の人事評価制度を見直す必要があると思いますか？
A ：・必要があると思う＝77.6％
　　・ないと思う＝22.4％

（出典）Adecco Group「人事評価制度」に関する意識調査。日経BPコンサルティング調べ。
調査期間：2018年2月7日〜2018年2月12日。有効回答：1,532人　インターネット
調査。

　ある程度予測がつく評価結果ですが，人事評価制度導入済み企業の6割強の人材が自社の人事評価制度に不満を持っています。では，その不満の理由（根拠）を見てみましょう。
　こちらも6割強の人材が不満の理由に挙げているのが「評価基準が不明確」です。これは選択肢として評価基準が"不明確"となっているので当項目を選択されたのだと思いますが，実態としては「評価基準がない」「すべての評価項目の評価基準が同一」ということが多く含まれていると思われます。

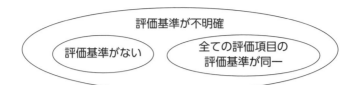

　評価される側の人材からしてみると，そもそも評価基準が不明確な人事評価制度で自分を評価してほしくないということです。そして，瑕疵^{かし}のある人事評価制度の真の被害者である評価する側（通常は上司，管理者）からすると「こんな人事評価制度使いたくない！」が本音でしょう。

　次に多い不満の理由である「評価者の価値観や業務経験によって評価にばらつきが出て不公平だと感じる」については，原因は評価者の評価能力のように理解されがちですが，そもそも上司にとって人材の評価（一般的には部下の評価）は，主作業とはいえず，評価側からすると「迷惑な話」かもしれません。被評価者（人材側）のこの不満に対しての原因は，評価者（一般的には上司）の能力不足よりも人事評価制度自体の欠陥と捉える必要があります。

　ヒューマンエラー防止対策としてフールプルーフ（誤操作を行ったとしても深刻な影響にならないこと）という設計手法がありますが，「カンタンすぎる人事評価制度」では，このフールプルーフよりも一歩先を行き，
そもそも誤使用をさせない仕組み
を目指しています。要は，評価基準を明確に策定し，小学生でも評価可能な人事評価制度，評価結果のばらつきが生じないことを目指しているのです。

　次の人事評価制度への不満項目として，「評価結果のフィードバック，説明が不十分」の理由は明確に説明がつきます。

　評価基準が不明確なため（不満と思う人材が62.8％），評価にばらつきが生じ（不満と思う人材が45.2％），その結果，被評価者（人材）に対し

て評価結果のフィードバックができる状態ではないのです。

　ですから，評価者側（上司，管理者）は，いつ，被評価者から（部下）評価のフィードバックを要求されるのかストレスになるのです（本当に気の毒です）。このことからも一般的な人事評価制度の真の被害者は評価者側と思えてしまいます。

　4番目の人事評価制度に不満を感じる理由である「自己評価よりも低く評価され，その理由がわからない」については，ほとんどの人材は自己評価が高いため深刻に捉える必要性はないと思いますが，これも評価基準が不明確や評価結果のフィードバックがないことが原因です。

　いくら自己評価が高い人材であっても，明確な評価基準の下で評価を実施した結果を根拠と共に説明することにより納得してもらうことは可能であり，さらに是正を促す良い機会になるのです。

　本章の本題にようやく入れますが，合理的でない処遇の差の払拭はどうすればよいのでしょうか？　それは明確です。「カンタンすぎる人事評価制度」のように評価結果の根拠が明確な人事評価制度により人材の評価を行い，その評価結果を基に処遇を決定すればよいのです。

　通常，人事評価制度に基いた評価結果は，人材の処遇に活用されます。例えば次の処遇です。

- 賃金改定，賞与算定
- 昇格・昇級，降格・降級
- 配置転換　　　など

これほどの重要事項が人事評価結果によって決定されているのです。であれば，公平で客観的……要するに評価基準が明確な人事評価制度を活用しないことには，合理的ではない処遇の差の払拭は不可能でしょう。

　この本では，「すべてのコトに根拠がある」と説明しました。組織における人材の処遇についても根拠が必要なのです。その根拠こそが人事評価結果であり，その活用により合理的でない処遇の差の払拭が実現できるの

です。

　この人材に対する処遇の根拠は外部に対しても必要です。外部とは主に顧客ですね。例えば，顧客Ａ社の担当であった自社人材のＢ氏。ここ数年の人事評価結果が非常に高評価であったため，他の支店を任されることになり栄転し，代わりにＡ社の担当がＣ氏になった場合。

　Ａ社からしてみると，自社の担当であったＢ氏がなぜＣ氏に代わったのか気になるところです。そんなときＢ氏の上司から「弊社のＢは，非常に優秀で人事評価結果も素晴らしく他の支店を任せることになり栄転することになりました。後任のＣも優秀なＢに引けを取らない当社期待の人材です」と聞けば，Ａ社も納得でき，Ｃ氏にも期待できるでしょう。

　逆に理由もわからず自社の担当がＢ氏からＣ氏に代わる場合，不信感が生じる可能性もあります。担当替えは組織の都合で起こり得ることですが，その"組織の都合"により影響が出る可能性のある顧客に対しては説明をするに越したことはありません。

　以上のように公平で客観的な組織であることは外部（顧客等）に向けてもアピールする必要があるのです。実際，自社人材に対するコンプライアンスの充実度は顧客からの監査を受ける際，重要な確認項目となっています（特に外資系企業からの監査を受ける場合）。

　本章の最後にフィードバックについて再掲しますが，前述したとおり，フィードバックする際は必ず評価結果の根拠も一緒に提示してください。そして時間の許す限り丁寧に話してください。

⑤　その５：作って，使って，成果を出す

　当社が主催するセミナー・勉強会では常に「学んで，作って，使って，成果を出す」必要性を説明しています。この中で"学んで"については，すでに皆さんはこの本で学んでいますので，ここでは残りの３つについて説明します。

学んで
作って
使って
成果を出す

「作って」について

　まずは，「カンタンすぎる人事評価制度」を作ってみてください。

　私も人事評価制度の指導を開始して27年を超え，指導先企業も数えられないくらい存在し，かつ，1,300回を超えるマネジメントシステム審査・監査において膨大なさまざまな人事評価制度を確認してきましたが，その中でも恐らくダントツに一番短期間で作れる人事評価制度がこの「カンタンすぎる人事評価制度」です。何しろ3種類までの「人事評価表」の策定がたった1日でできるのですから。

　このように今までには類を見ない1日で作ることができる「カンタンすぎる人事評価制度」ですが，1つ難があります。それは，まえがきにも書いたとおり「顧客への想い」「人材への想い」「会社への想い」がある方が作成しなくてはならないことです。

　この3つの想いを常に深く持っているのは一般的には社長です。ですから，「カンタンすぎる人事評価制度」は，社長自らが作らなくてはならないのです。ただし，社長以外にもこの3つの想いを深く持っている方であれば，社長でなくても，部長でも課長でも一般社員でも「カンタンすぎる人事評価制度」を作ることができます。

　注意点は，社長が作る場合はいちいち承認行為は不要ですが，社長以外が作る場合は1つひとつ承認行為が必要になります。この

「社長が作る＝承認行為が不要」

ということが，「カンタンすぎる人事評価制度」がごく短時間で策定でき

る要因の1つなのです。

　一般的な人事評価制度は，プロジェクトチームを編成して策定していくことが多いと思いますが，これが「あーだこーだ」と遅々として進まない。

　また，プロジェクトメンバーは，人事評価制度の策定側でもあり，かつ，評価対象者（被評価者）であることからお互いにメンバー同士が遠慮し合ってしまいなおさら「あーだこーだ」となりやすい。

　その点，社長が策定するのであれば，この無意味な「あーだこーだ」を回避できますからごく短時間で策定できるのです。また，29名以下の組織であれば社長がほとんどの業務内容を把握しており1人で策定することも可能です。もし，社長1人で業務内容の把握が難しい場合でも，もう1人「人事評価表」の策定部署の管理者に協力してもらうことで策定できます。

　この「人事評価表」の策定者が，

コンサルに策定を依頼する場合
社長+当該部署の管理者+コンサルの3人で策定
または
社長+コンサルの2人で策定

自社独自で策定する場合
社長+当該部署の管理者の2人で策定
または
社長1人で策定

というのがミソなのです。

　社長以外に社内の人材が，管理者とはいえ2人以上集まると36ページで説明した "能書きを許すな！　できない人材ほど言い訳が多い" の "できない人材" が出現することになり（注：本来 "できない人材" ではないのですが，人事評価制度策定の場では，"できない人材" になってしまう可能性が高い），人事評価制度策定の大きな障害となります。

ですから，「カンタンすぎる人事評価制度」においては，社長が中心となりサッと作ってしまいましょう。そして，次のステップに進めばよいのです。もちろん，最初から完成度が高い人事評価制度を目指すことは悪いことではありませんが，そもそも完璧な人事評価制度などあり得ないのですから，まずは作ってみて使っていけばよいのです。そうです！　PDCAを廻しながら改善していけばよいのです。そのためにはまずは作ってみること。これに尽きます。

　当社が主催している「カンタンすぎる人事評価制度導入に向けた体験勉強会」の出席企業の約40％が人事評価制度導入済み企業の方であり，残りの約60％が人事評価制度未導入の企業の方です。

　ただし，この約60％の人事評価制度未導入企業の中には，人事評価制度の策定を試みたが完成に至らなかった企業が相当数含まれていました。これは，自力で策定しようとした企業だけではなく，多くがコンサルタントの指導を仰いだにもかかわらず完成に至らなかった企業です。

　誤解があるといけないので付け加えますが，これはコンサルタントの力量に問題があったわけではなく，導入しようとした人事評価制度自体が複雑すぎて完成に至らなかった場合，策定途中で自社に適していないと判断した場合です。

　「カンタンすぎる人事評価制度」の場合は，仕組み自体は非常にシンプルですから完成に至らないということは考えにくく，自社に適していないという可能性はありますが，仕組みが非常にシンプルなため導入前にどのような人事評価制度なのかの全容が把握できるため，策定に取り組んでからもしくは完成後に「このような人事評価制度だと思わなかった」というミスマッチはほぼ100％防ぐことができるでしょう。

　だからこそ，「カンタンすぎる人事評価制度」の場合，まずは作ってみて使ってください。

「使って」について

　「カンタンすぎる人事評価制度」を作ったら必ず使ってください。

　私自身，使われていない人事評価制度を数多く見てきました。これは，人事評価制度自体に問題がある場合も想定されますが，使われない多くの理由は次のどちらかと思われます。

- **人事評価制度が使われない理由1：策定して満足してしまう**
- **人事評価制度が使われない理由2：放置してしまう**

　では，それぞれの理由を見てみましょう。

　1つ目の理由として「人事評価制度を策定して満足してしまう」については，気持ちがわからないことはありません。なぜなら，一般的な人事評価制度の問題点は第1章で説明したとおり，策定期間が非常に長く，策定自体が面倒くさいので，そのような苦労を経てやっと完成したのであれば，人事評価制度が完成した満足感が漂い，「やっと完成できた！　よく頑張った」とまるで策定自体がゴールと勘違いしてしまうのでしょう。

　その点，「カンタンすぎる人事評価制度」は，1日で完成してしまうので「やっと完成できた！」とはならないでしょう。ですから，即，運用・活用に移行できるのです。

　2つ目の理由である「放置してしまう」については，日々の業務に追われて放置してしまうのでしょう。この場合，「カンタンすぎる人事評価制度」も例外ではありません。逆に「カンタンすぎる人事評価制度」は非常にシンプルなツールですから「いつでも使うことができる」という安心感から，日々の業務が優先されてしまうこともあるでしょう。

　また，「放置してしまう」背景に，人事評価制度の仕組みが複雑すぎて関わり合いたくない場合や，そもそも評価期間の最後に評価するだけの人事評価制度の場合があります。

　「カンタンすぎる人事評価制度」は，どの組織でも使い倒すことができます。そして，人材育成を目的としたツールですから，評価期間の最後に

評価するだけでは目的が達成できません。ですから，常に人材育成を意識できるように「カンタンすぎる人事評価制度」の「評価表」を全種類社内に掲示しておいてください。

　そもそも「カンタンすぎる人事評価制度」は，評価項目も評価基準もフルオープンの仕組みですから掲示しておくほうがよいのです。掲示したうえで，常に意識していただき使ってください。日常業務の妨げには決してならないシンプルなツールですから。

　「チョット待ってください。そもそも人事評価制度って，評価期間の最後に評価すればよいので，日常使うとはどのような意味でしょうか？」とツッコミを入れられそうですね。

　確かに人事評価制度を日常使うとは，「消火器を日常使う」「自家用車の車検を日常行う」みたいになんかヘンな感じがするかもしれません。

　消火器は出火したときに使うモノであり，自家用車の車検は，新車登録後は3年後，その後は2年後に実施することです。

　でも，消火器を使わなくて済むように日々，火の用心を実践する必要があり，自家用車の車検がスムーズに通るように日々のメンテナンスを徹底することもできるのです。ましてや「カンタンすぎる人事評価制度」は，人材育成のためのツールですから，評価項目や評価基準で設定した「要求力量のハードル」を越えるために使っていかなくてはならないのです。そうです。日々使うことのできるツールなのです。

　これが「カンタンすぎる人事評価制度」が一般の人事評価制度と大きく異なる点です。この「カンタンすぎる人事評価制度」の"使う"については，第5章で説明します。

「成果を出す」について

　「カンタンすぎる人事評価制度」は，使うからこそ成果が出ます。これはどのようなモノ，仕組み，製品すべて共通します。

　どんなに高価な工作機械にしても使わなければ1円も生み出しません。

高価なコンピューターも自動車も然りです。

　ただし，使ったからといって成果が出るとは限らないモノ，仕組み，製品も存在します。人事評価制度もそうなのかもしれません。

　そもそも人事評価制度の成果とはどのようなことなのでしょうか？

　一般的な人事評価制度の場合，人材の評価を実施できればそれが目的であり，成果ありとの判断になるのでしょうが，本来の人事評価制度の目的はそんなことではありません。

　この本の序章で，「カンタンすぎる人事評価制度」の目的は人材育成であることを説明しました。また，本章では，「人材育成，後継者育成」「組織の課題を解決すること」「組織内のルール・仕組みづくり」であることも説明しました。

　以上のことから「カンタンすぎる人事評価制度」の成果とは次のことでしょう。

- 人材が育成されること（後継者育成を含む）
- 組織の課題や目的を達成すること
- 組織内のルール・仕組みが作られること

　人材が育成され，組織内のルール・仕組みが作られることにより，組織の課題や目的が達成できます。であれば，あなたはご自分の組織をどのようにしたいのかをあらかじめ明確にしなくてはなりません。

　当社が主催する「カンタンすぎる人事評価制度導入に向けた体験勉強会」では，「3年後に達成したいコトは？」を具体的にしていただき，その3年後の組織実現に向かってどのような評価項目と評価基準を策定していくのか体験していただいています。

　あなたの組織で達成したい目的や解決したい課題を明確にすればするほど「カンタンすぎる人事評価制度」の精度は向上します。

　組織が成果を獲得できるということは，業績向上が実現する可能性が非常に高まるので，そこで得た収益をぜひ人材に配分していただきたい。このことが人事評価制度を活用したスパイラルアップの仕組みにつながるこ

とになります。

人材に配分：賃金向上

組織の目的達成：業績向上

カンタンすぎる人事評価制度

6 その6：「成果」だけではなく「プロセス」も評価する

　人事評価の評価項目は2種類あります。それは，「成果評価項目」と「プロセス評価項目」です。

　この2種類の評価項目は両方とも重要です。

　「成果評価項目」だけの人事評価制度の場合，成果さえ良ければ後はどうでもよいという組織風土に陥りますし，そのような成果至上主義の人材ができ上がってしまいます。

　それの何が悪いのか？　とても悪いです。成果につながらないと思われる活動に関わらなくなってしまいます。それは別にかまわないという経営者や上司もいらっしゃるかもしれません。それが正解なのかもしれません。

　ただ，ある人材が成果につながらない活動をしないことにより，他の人材が損をするのであれば良くありません。例えば，朝は皆で事務所内の清掃をするルールの場合，清掃を忌避する人材のために別の人材の負担が多くなるのであれば是正すべきです（このようなことを避けるためには「業務姿勢評価項目」を活用することもできます。第4章で説明します）。

　そして何よりも成果だけを評価対象としてはいけない重大な理由が存在します（それはこの項の最後で説明しましょう）。

　とはいえ，「成果評価項目」が重要であることは確かですから，なにも「成果評価項目」と「プロセス評価項目」を半数ずつにする必要はありません。あくまで，すべてを「成果評価項目」にしてはダメなのです。たとえ，20％でも30％でも「プロセス評価項目」が必要なのです。ただし，間違ってもすべての評価項目を「プロセス評価項目」にしてはいけません。

　実際，そのような人事評価制度にも私は遭遇してきました。そのような組織の社長や従業員が必ず口にする言葉とは，

> **社　長**：従業員は皆努力しているのですが。
> **従業員**：私たちは頑張っているのですが。

　しかし，組織は少しも良くならないし業績も向上しない。

　"頑張り"は重要です。ただ，単に頑張るだけではダメなのです。成果を出すためにどのように頑張らないとならないのか。それを認識し実践するためには「プロセス評価項目」だけの人事評価制度ではなく，「成果評価項目」も必要なのです。

　もう1つ「成果評価項目」だけで人材を評価してはいけない理由があります。それは，「できる」と「できた」についてです。

　あなたは，「できる」と「できた」の違いがわかりますか？

　「できる」は，計画，プロセス，仕組み等に基づいて実現したことであり，再現性があります。この"再現性"は非常に重要なのです。

　「できた」は，たまたまできた場合や偶然できたことが一定数含まれます。「成果評価項目」だけで人事評価を実施してしまうと，この"たまたま"，"偶然"の成果により評価してしまう可能性が出てくるのです。だからこそ成果に至るプロセス（活動）を評価に加える必要があるのです。

　仮にあなたが営業部長だとしましょう。「売れる社員」と「売れた社員」のどちらをアテにできますか？　たまたま売ってきた社員もありがたいですが，それはあくまで結果的に売れただけであり，営業目標立案時に頼り

になるのは「売れる社員」ですね。

　では，「プロセス評価項目」とは何なのか。簡単です。成果に至る活動（プロセス）を評価するのです。

　わかりやすく営業部の評価項目と評価基準で見てみましょう。

成果評価項目	対前年比の売上
成果評価基準	5点＝105％以上 3点＝100％以上105％未満 1点＝100％未満
プロセス評価項目	既存客・見込み客向けに小冊子を作製配布
プロセス評価基準	5点＝年2回以上作製・配布 3点＝年1回作製・配布 1点＝作製・配布なし

　上の例の場合，「成果評価項目」は，一目瞭然の対前年比の売上です。

　「プロセス評価項目」は，売上を上げるための活動が評価項目になっています。

　このような説明をしますと，「既存客・見込み客向けに小冊子を作製配布することを成果とした場合，そのためのプロセスがあるのでは？」と言われる場合もありますが，それも正しいです。例えば，「小冊子作成のためのネタ探しを行う」などが小冊子作製配布のためのプロセスですね。

　ただ，このような考え方をするとキリがないのでその人材にとっての成果とは何なのかとシンプルに考えていただければよいでしょう。

　マネジメントシステムの専門家でもある私としてはこのことを詳細に説明したいのですが，この本はあくまで人事評価制度の本ですから，難しく感じられないようにあえて割愛します。ご興味がおありの方は良書がたくさん出ています（私の過去10作の著書においてもかなり詳しく説明している書籍がありますのでご参照ください）。

　以上のように成果を実現するための「プロセス評価項目」が非常に重要

であることをご理解いただけたと思います。

　評価項目としは，大きく分けると前述の「成果評価項目」と「プロセス評価項目」になりますがもう1つ考え方があります。

- 成果を出すための力量を身に付ける活動
- プロセスを実践するための力量を身に付ける活動

　これも「プロセス評価項目」の1つではありますが，説明を加えるために取り上げます。

　前述の営業部の「評価項目」の例で考えてみましょう。

　「成果評価項目」である"対前年比の売上"をアップするためにはどのような力量を身に付けなければならないのでしょうか？　交渉力ですか？　見込み客を発掘するマーケティング力ですか？　見込み客に上手く伝えるプレゼン能力ですか？　見込み客に納得していただける資料作成能力ですか？

　また，「プロセス評価項目」である"既存客・見込み客向けに小冊子を作製配布"を実施するためにはどのような力量を身に付けないとならないのでしょうか？　小冊子の編集力ですか？　既存客・見込み客に響く文章を作成するためのコピーライティング能力ですか？

　これら，「成果評価項目」「プロセス評価項目」で高評価を獲得するための力量を身に付ける活動が評価項目となり得ることを認識してください。

　当項の最後に成果だけを評価対象としてはいけない重大な理由について説明します。

　成果に至るプロセスを評価対象とし，実際に成果につながったのであれば，そのプロセス（活動）を自社の仕組み化・ルール化すればよい。これが「カンタンすぎる人事評価制度」を導入する企業にとって非常に重要な副産物であり財産となるのです。

　本章では，人事評価制度の目的の1つとして"組織内のルール・仕組

みづくり"があることを説明しましたが，プロセス評価項目はまさにこのことなのです。

　例えば，対前年比の売上をアップするために"既存客・見込み客向けに小冊子を作製配布"が有効であれば，それを組織としての仕組みとして標準化すればよいのです。また，営業担当Ａ氏が売上を向上させることに成功した活動（プロセス）があれば，その活動（プロセス）を水平転換して他の営業担当者に実践させたり，他の支店でも実施させたりすればよいのです。

　以上，本章では，小規模企業が実践する人事評価制度について説明してきましたので再掲します。

　　その１：人事評価制度の目的を明確に認識する

　　　　　　目的１：人材育成，後継者育成

　　　　　　目的２：組織の課題を解決すること

　　　　　　目的３：組織内のルール・仕組みづくり

　　その２：人材への期待を伝える

　　その３：「自分ごと」として理解させる

　　その４：合理的でない処遇差の払拭／根拠と共にフィードバック

　　その５：作って，使って，成果を出す

　　その６：「成果」だけではなく「プロセス」も評価する

第 3 章

「カンタンすぎる人事評価制度」
とは？

① 「評価項目」も「評価基準」もフルオープン，「評価結果」もフルオープンで

「カンタンすぎる人事評価制度」は，あらかじめ「評価項目」も「評価基準」もフルオープンです。

何を評価するのか？　何ができたら高評価が獲得できるのか？　すべてオープンにします。「評価表」を壁に貼ってください。グループウエアで公表してください。

とにかく人材にとって，常に目に付く場所・目立つ場所に「評価表」を掲示してほしいのです。なぜなら，「評価項目」と「評価基準」を常に意識してほしいからです。

ヒトは，伝えられたとき，見たときは，「そうか，そうなんだ」と認識するのですが，時間の経過とともに忘れてしまいます。忘れないために常に目に付く場所・目立つ場所に掲示してください。

「経営方針」「社是・社訓」「安全方針」などは，従業員に常に意識してもらうために大きな文字で非常に目立つ場所に掲示してありますね。「評価表」については，そこまで大きな文字で掲示しなくてもよいのですが，常に意識できる場所に掲示すべきです。

また，「評価結果」についてもフルオープンすることが望ましいでしょう。確かに「カンタンすぎる人事評価制度」を導入して初めての評価結果をフルオープンすることに抵抗があるでしょうが，あらかじめ，「この人事評価制度は，評価基準が明確なので評価結果に対する不信感はないと思います。ですから評価結果を掲示することにします」と評価期間の期首に伝えておけばよいのです。

この方法は実は効果がありまして，人はだれしも恥をかきたくないという思いがありますから，高評価が獲得できるように努力するものです。

「カンタンすぎる人事評価制度」は，「評価項目」も「評価基準」も明確

なため，評価の根拠を聞かれたところで何ら問題がなく，よって，評価結果については評価側としても正々堂々と公表できるのです。

② １日で３種類の「人事評価制度」を完成させる

「カンタンすぎる人事評価制度」は，１日で３種類の「人事評価制度」が作成できます。

作成時間の詳細は，第４章に譲りますが，ざっと説明しますと，３枚の「人事評価表」の策定に必要な時間はおおよそ７時間半です。ですから１日で３枚作成できる計算になります。さらに４枚目以降を作成する場合は，１枚当たりの作成時間はかなり削減できますから，まさに短期間で作成可能な人事評価制度といえましょう。

ちなみに私に「カンタンすぎる人事評価制度」の導入コンサルを依頼された企業の約80％は３種類までの「人事評価表」の作成で済んでいます。

その３種類の内訳としては，営業部，総務部とその企業の中心的部署である，製造業なら製造部，建設業なら工事部，運送業なら輸送部となっています。

ただ，何の予備知識や仕組みに対する理解もなく「カンタンすぎる人事評価制度」を策定することは不可能ですので，この本をお読みになって当制度の予備知識と仕組みを理解していただき「カンタンすぎる人事評価表」の策定を試みてください。社長は当然のこと，経営者マインドをお持ちの方であれば，容易に策定可能でしょう。

ただし，「顧客への想い」「会社への想い」「人材への想い」を反映させる人事評価制度ですから，これらの想いが希薄な方は策定を見合わせるべきです。まずは，策定者であるあなたにとって，

・顧客にはどのような想いを抱いているのか？

・会社に対してどのような想いを抱き，どのようにしていきたいのか？

・人材に対してどのような想いを抱き，どのようになってほしいのか？

を明確にするところから始めてみましょう。

この３つの想いが深いことを自認している方でも，いざ，言葉やフレーズで表現してみようとすると上手く表現できないことがよくあるのです。

このことからもあらかじめ３つの想いをメモ書きで構いませんので書き出してから「カンタンすぎる人事評価表」の策定に臨んでください。

③ 社長１人で策定

原則，「カンタンすぎる人事評価制度」は，社長１人で作成します。

この本のメインターゲット読者層である29名以下の組織の社長の多くは社長１人ですべての業務を把握していることが多いので組織内の他の人材の参加は不要なのです。ただし，後継者や前向きなナンバー２であれば策定に加えていただくことは問題ありません。

どうしても社長１人では，「評価表」策定部署の業務内容が把握しきれない場合は，当該部署の管理者１人を加えてください。この"１人"が肝心です。これを２人以上にしてしまうと，「あーだこーだ」と無意味な議論が展開される可能性があるので，原則は社長１人で策定しますが，加えるとしてももう１人ということです。

これに私のような専門家の助けが必要であれば，コンサルタントが加わることになります。

なぜ，原則，社長が１人で作成するのでしょうか？

それは，組織のすべての責任を社長が担っているからです。

組織の成功だけではなく，失敗も不祥事もすべての責任は社長にあります。自分が辞めて済まないのです。辞められないのです。

そのすべての責任を担っている社長だからこそ，「人材への想い」「会社への想い」「顧客への想い」を込めて策定する「カンタンすぎる人事評価制度」が策定できるのです。

このように考えると「自部署に対して『自分ごと』と捉えすべての責任を担っている部署長（部長，課長等）」であれば「カンタンすぎる人事評

価制度」を策定することが可能なのでしょうか? 答えはもちろん,

YES

です。

このような部署長でなくても,組織内で起きているコトを「自分ごと」として捉えることができ,責任ある行動がとれる一般職であっても策定できます。

ですから,"原則,「カンタンすぎる人事評価制度」は,社長1人で作成します"と"原則"を加えたのです。

4 さまざまな業種,職種で導入済み:業種,職種は問わない

私自身,品質マネジメントシステム・環境マネジメントシステム等の主任審査員として1,300回以上の審査を実施してきました。1,300回以上も審査を実施しているとわが国のすべての業種とまではいきませんが,ほとんどの業種を経験することができ,「カンタンすぎる人事評価制度」の開発,策定及び運用にも活かされています。

その,「カンタンすぎる人事評価制度」は,さまざまな業種で導入されています。こちらのすべての業種とまではいきませんがざっと次の業種です。

・製造業(電子部品,自動車部品,食品,金型,家電部品……) ・運送業 ・建設業 ・物流業 ・自動車整備工場 ・病院,医院,歯科医院 ・会計事務所,社会保険労務士事務所,行政書士事務所 ・法律事務所 ・飲食店 ・接待飲食業(クラブ,キャバクラ等) ・携帯電話販売業 ・自動車販売業 ・ソフトウエア開発業 ・接骨院,治療院 ・警備業 ・設計事務所 ・不動産業 ・造船業 ・陶磁器製造業 ・商社,卸売業 ・古物商,リサイクルショップ ・梱包業 など

キリがないのでこれくらいにしておきます。

これだけ多くの業種で導入されている理由の1つに「カンタンすぎる人事評価制度」が完全オーダーメイドでその組織のためだけに策定される

人事評価制度であることが挙げられます。また，実際の導入コンサル・指導も膨大な数をさせていただきましたが，ほとんどの業種の内容についてある一定以上理解していることが非常に強みとなっています。これも前述の1,300回を超えるマネジメントシステム主任審査員経験のおかげだと思っています。

　例えば，「カンタンすぎる人事評価制度」を建設業に導入指導する場合「監理技術者って何？」では問題ですし，運送業に導入指導する場合「運輸安全マネジメントとは何？」では困ります。また，製造業に導入する場合も「『特性要因図』って？」では困りますね。要は，人事評価制度導入指導において，当該導入企業の業種にある程度の見識がないと有益な指導は難しいと思われます。

　ただ，「カンタンすぎる人事評価制度」の場合，この本を読んでいただき理解していただくことにより社長ご自身で策定することができますので導入がラクなのです。

　当たり前の話ですが，一般的に自社のことを一番理解しているのは社長自身ですね（一部例外もありますが……）。その社長が自ら1人で策定することができる人事評価制度こそが「カンタンすぎる人事評価制度」なのです。仮にこの本をお読みいただいたにもかかわらず，社長が「カンタンすぎる人事評価制度」が策定できないのであれば，考えられる原因は以下のとおりです。

　A　「カンタンすぎる人事評価制度」を理解しきれていない
　B　自社の業務内容を理解していない
　C　社長の時間が足りない
　D　各項目が上手く言語化できない

では，それぞれの対処法を考えてみます。

A　「カンタンすぎる人事評価制度」を理解しきれていない

　「カンタンすぎる人事評価制度」の理解に努めてください。この本をもう一度読まれるとか，私が講師を務める「カンタンすぎる人事評価制度体験セミナー」にお越しいただくのも理解を深める方法です。

　また，別の着眼点から「カンタンすぎる人事評価制度」を理解するために，過去の出版された私の拙著である『人事評価制度が50分で理解でき，1日で完成する本』『従業員のための人事評価，社長のための人材育成』（2冊とも同友館発行）をお読みいただくのもよいでしょう。特に『人事評価制度が50分で理解でき，1日で完成する本』は，40％ほどがイラストで描かれていて忙しい社長のためのビジネス絵本となっております。

B　自社の業務内容を理解していない

　これについては，「カンタンすぎる人事評価制度」を策定する際，「評価表」策定対象部署の管理者1名に参加していただき社長と2人で策定されるとよいでしょう。

C　社長の時間が足りない

　「時間が足りない」というのは，社長として一番使ってはいけない言い訳かもしれませんが，私自身もよく使ってしまいます（自己嫌悪……）。

　そのようなときは思い切ってプロの指導を仰ぐのが手です。プロの指導を仰いだからといって，社長が一切，「評価表」の策定に関わらなくて済むわけではありませんが，時間を節約することにはなりますし，何といってもプロのリードに任せていけば自然に「評価表」が完成していきますので，精神的負担がかなり低減されるでしょう。

D　各項目が上手く言語化できない

　この"言語化"はある程度の慣れが必要ですので，言語化があまり得意でない社長の場合，「評価表」策定の苦戦の原因となります。逆に人事評

価制度についてほとんど知識ゼロの方でも，「カンタンすぎる人事評価制度」の言語化が得意な社長であれば容易に「評価表」が完成できるでしょう。言語化が苦手な社長の場合もプロの指導を仰ぐことにより非常にスムーズに言語化ができ，「評価表」の完成ができるでしょう。

「カンタンすぎる人事評価制度」はさまざまな業種で導入済みであることは説明済みですが，さまざまな職種においても導入されています。

一般的に「人事評価表」の事例として提示されるのは，営業の「人事評価表」が多いのですが，これは，営業担当者の「人事評価表」が策定しやすいからです。

逆に総務担当などは策定し難いと思われているようですが，そんなことはありません。どのような職種であっても，「改善したいこと」「失敗したこと」があれば「評価項目」も「評価基準」も策定できるのです。もちろん，他の着眼点からも策定可能です。

ですから，すべての組織のすべての職種・部署において「評価項目」も「評価基準」も策定可能なのです。

⑤ 導入費用は０円から：一般の人事評価制度導入費用に比べて20分の１から５分の１

私自身，人事制度・人事評価制度の指導を開始して27年が過ぎ（正直昔すぎて明確に覚えていないのですが），多くの指導を重ね，その中で同業コンサルタント会社さんの人事評価制度の内容等の情報が多々入ってきているので，一般的な人事評価制度の導入費用の情報も理解していますが，人事評価制度コンサルタントに支払う費用として数百万円から一千万円超必要なようです。

誤解のないように申し上げますが，この金額は指導者であるコンサルタントが決して暴利をむさぼっているのではなく，適正な導入費用だと思うのです。なぜなら，プロジェクトチームを組んで「①レクチャー」-「②策定」-「③宿題」-「④検証」-「⑤修正」-「⑥承認」-「⑦完成」

（策定方法により異なりますが）を実践していくと「策定工数」も「策定期間」も膨大に必要なのです。

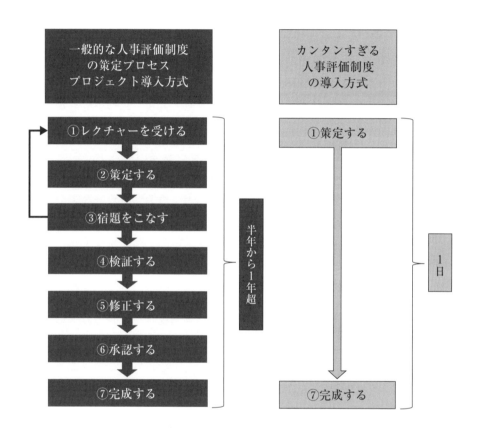

　上図のように一般的な人事評価制度の策定は，「カンタンすぎる人事評価制度」の策定に比べて膨大な工数が必要となりますので，それだけ導入費用も膨大となります。

　上図左側の「一般的な人事評価制度策定プロセス　プロジェクト導入方式」は，私自身が20年以上実施してきた指導方式であり，現在でもご要望があれば対応可能ですので，内容についても費用についても自らの経験をもとに理解しています。

さて，前ページ上図右側の「カンタンすぎる人事評価制度」の場合，通常半年から1年超かかる策定期間が1日で済みますが，次のようなツッコミを受けるかもしれませんね。

「カンタンすぎる人事評価制度の策定手法を学ぶ期間が抜けています」

そうなんです！　図右側の「カンタンすぎる人事評価制度導入フロー」には，策定方法を学ぶ期間が抜けています。でも……**図左側の「一般的な人事評価制度の策定プロセス　プロジェクト導入方式」についても策定方法を学ぶ期間が抜けています。**

そうなんです。図の2つのフローは，**どちらも専門の人事評価制度コンサルタントが導入指導した場合のフローなのです。**

では，専門のコンサルタントの指導を仰がずに自力で（自社のみで）人事評価制度の導入をする場合のフローを示します。

一般的な人事評価制度を導入する場合，その策定方法を学ぶために膨大な時間が必要です。図では，「1年」としていますが，正直，1年で人事評価制度の策定方法を学ぶことは難しいでしょう。

仮に社長自身が人事評価制度の策定方法を学ぶ場合，社長として他の業務に忙殺されながら学ぶのですから，一朝一夕にはいきません。正直，1年で策定方法を学ぶことは到底無理であり，数年かけて学ぶことになります。

私自身，人事制度，人事評価制度及び賃金制度について，社会保険労務士として開業後1年ほどは書籍を読み漁りましたが理解できたとは言えずに，結局，人事評価制度策定手法が学べる講座に3日間出席することで霧が晴れたのです。

また，社長以外，例えば，総務部長に人事評価制度を学ばせたとしても，中小企業の場合，社長以上に人事評価制度の策定手法を習得するために時間が必要でしょう。その根拠は明白です。何かを学ぶとき，自分自身が「必要！」と思い学ぶ場合と，第三者に指示されて学ぶ場合とでは，吸収力が異なるからです。

人事評価制度コンサルタントに指導を仰がず自力
（自社のみで）人事評価制度を導入する場合

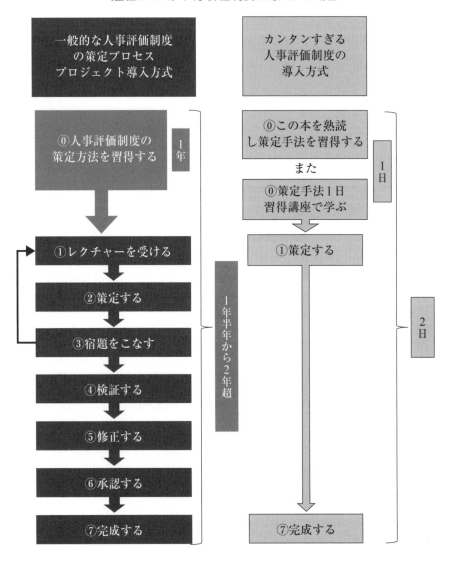

社長自身が「人事評価制度が必要」と感じ，策定方法を学ぶ場合でも１年では難しいのですから，社長から指示された総務部長が人事評価制度を学び習得するためには，さらに時間が必要なのです。また，中小企業において社長以外に人事評価制度の策定手法を習得させたとしても，その人材が辞めてしまえば台無しになってしまいます。だとすると中小企業においては，社長自身が習得する必要があります。

　「カンタンすぎる人事評価制度」を自力で策定することは可能なのでしょうか？　もちろん可能です。そのためには，この本を熟読していただくことにより「カンタンすぎる人事評価制度」策定手法が身に付くでしょう。
　まずは１回通読していただき，再度，熟読していただいたうえで，策定に取り掛かってみてください。
　「１回の通読＋１回の熟読＝１日」で済みますね。
　ただ，本を読んだだけでは不安の方や，もっとカンタンに「カンタンすぎる人事評価制度」の策定手法を身に付けたい方は，当社の「カンタンすぎる人事評価制度　策定手法１日習得講座」にご出席いただければ，６時間ほどで「カンタンすぎる人事評価制度」の仕組みを理解し，策定方法を習得できますので興味のある方は，インターネットで「カンタンすぎる」もしくは「ボスキャン」と検索してみてください。

　そもそも，一般的な人事評価制度は，仕組みが非常に複雑なので，その人事評価制度自体を理解することに時間がかかり，さらにその人事評価制度の策定手法を学ぶことは容易ではありません。ですから，１年では難しいのです。その点，「カンタンすぎる人事評価制度」であれば，仕組みが非常にシンプルなため短時間で仕組みを理解し，策定手法を学ぶことができます。
　ただ，「カンタンすぎる人事評価制度」には，大きな難点があります。それは，ここまでにお伝えしたように，「会社への想い」「人材への想い」

「顧客への想い」について邪ではない考えを持っている方が策定しなくてはいけません。そのような方はだれ？と見回して当てはまるのが社長ということです。

　だからこそ，「カンタンすぎる人事評価制度」の策定は社長が適任なのです。しかし，前述のような想いと経営者マインドをお持ちの方であれば，社長以外の方でも十分策定可能です。

　以上のように社長以外の方でも「カンタンすぎる人事評価制度」の策定は可能ですが，経営トップ（一般的には社長）以外の方が策定する場合，1つ工数が増えることになります。その増える工数とは，承認プロセスです。社長が自ら作成するのであれば，「作成＝承認」となりますが，社長以外の方が策定する場合は，「策定 → 承認」となることをご理解ください。

《自社独自で人事評価制度を導入する場合の費用》

　さて，「カンタンすぎる人事評価制度の導入費用についてでしたね。

　「カンタンすぎる人事評価制度」を社長自らが策定して導入する場合，導入費用は0円です。いや，この本の購入費用があるので厳密には0円ではありませんね（本項の見出しが，「導入費用は0円から……」とありますが，間違いです。ごめんなさい）。

　ただ，社長の人件費を考えると0円ではないのですが，そのことはここでは取り上げません。なぜなら，一般的な人事評価制度を策定するために社長が人事評価制度を学び，策定方法を習得するためには膨大な時間が必要であり，その人件費を考えると，「カンタンすぎる人事評価制度」について社長が学ぶ時間はゼロみたいなものですから。ついでに購入する書籍料金も膨大ですね。

　以上，まとめますと次ページの表のようになります。

【自社独自で人事評価制度を導入する場合の費用】

	一般的な人事評価制度	カンタンすぎる人事評価制度
策定期間	1年半から2年半	1日
導入費用	0円	0円

《専門のコンサルタントに人事評価制度導入指導を依頼する場合の費用》

　コンサルタントなどの専門家に人事評価制度策定指導を仰ぐ場合はどれくらいの費用（コンサルティング料金）が掛かるのでしょうか。

　私自身も71ページの図の左側の「一般的な人事評価制度策定プロセスプロジェクト導入方式」を実施してきましたので（今でもご要望があれば対応しますが），費用については理解していますが，当社の場合，300万円～600万円ほどです。また，当社の人事評価制度指導ラインナップの中で一番緻密で複雑な「プロセス人事評価制度」の導入については600万円を超える場合もありました。

　ちなみにこの「プロセス人事評価制度」。製造業や建設業においてはニーズが高いのですが，開発者の私が言うのもなんですが，非常に複雑。

　策定期間も1年超は当然で，費用も600万円以上，策定も面倒くさく，運用も大変な人事評価制度です（まさに「長い」「高い」「面倒くさい×2」：汗……）。ですから，**ある目的を達成したい**組織以外にはお勧めしていませんし，導入を見合わせることすらお願いしています。

　開発者である私自身もお勧めしていない「プロセス人事評価制度」ですが，"**ある目的を達成したい**"とは，どのような目的だと思いますか？それは，次の2つです。

- 生産性向上を目的としたプロセスリストラ
- 真の労働時間削減

　この2つを（1つであっても）実現するためには，作業プロセスを詳細に明確にする必要があるため「プロセス人事評価制度」の導入が有益なのです。詳細は，拙著である『「プロセスリストラ」を活用した真の残業

削減・生産性向上・人材育成実践の手法』（日本法令発行）をお読みいただけると幸いです。私としてはあまりお勧めしたくない「プロセス人事評価制度」ではありますが，前述の拙著で紹介してしまったため，今でも年に１社ほど依頼があります。

　ちなみに「プロセス人事評価制度」は，「評価項目」も「評価基準」も非常に緻密なため（その分作成も運用も大変ですが），公平，客観的かつブレのない人事評価制度といえます。

　当社が一般的な人事評価制度の導入指導を受託した場合のコンサル料金は前述のとおり300万円～600万円ほどですが，他の人事評価制度コンサルタント会社も数百万～１千万円超のようです。さらにクラウドのシステムを使用する人事評価制度の場合は，別途，その使用料金が定期的に発生します。

　以上，まとめますと下表のようになります。

【専門のコンサルタントに人事評価制度導入指導を依頼する場合の費用】

	一般的な人事評価制度	カンタンすぎる人事評価制度
策定期間	半年から１年半	１日
導入費用	数百万円～１千万円超	50万円

　さらに忘れてはいけないのが，一般的な人事評価制度をプロジェクト方式で導入する場合のプロジェクトメンバーの人件費です。この人件費は，プロジェクトに参加している時間の人件費，プロジェクトで出される宿題を処理する時間の人件費などがあります。

　社会保険料雇用側負担分込みの月額給与が280,000円の人材の１時間当たりの時給は，約1,600円ですから，ざっと

　　　1,600円×（プロジェクト参加時間+宿題処理時間）

の人件費が余分に必要となります。

⑥ 小学生でも評価可能な，経営者目線の人事評価制度

「カンタンすぎる人事評価制度」の長所は何といっても小学生でも評価可能なほど「評価基準」が明確なことです。確かにたった1日で策定できてしまう人事評価制度は，非常に魅力ではありますが，活用することを考えると使いやすいことが大きな長所です。

では，逆になぜ一般的な人事評価制度は，評価基準がなかったり，あいまいだったりするのでしょうか？　もしくは，異なる評価項目に対して同一の評価基準を使うのでしょうか？　私としては理解に苦しみます。お叱りを承知で仮説を立てますと，人事評価制度自体を開発する方や人事評価制度を指導する方が，人事評価制度を活用する立場にないからではないでしょうか。

マーケティングでは「顧客の立場に立て」が決まり文句ですが，人事評価制度開発者や人事評価制度指導者は人事評価制度を使ったことがあるのでしょうか？　人事評価制度を使ってみれば，不具合・不便が実感できると思うのです。

私は，「小学生でも評価可能なカンタンすぎる人事評価制度」と「複雑で策定も運用も大変だが評価基準が極めて明確なプロセス人事制度」を開発しましたが，私自身，約10名の組織を経営する経営トップであり，人事評価制度を活用する側でもあります。ですから当然のように人事評価制度の不具合・不便を実感していました。だから自分で作ったのです。

一般的にモノでもサービスでも仕組みでも主役は「使う人」です。

では，人事評価制度を使う人はだれなのか？

それは，評価される側の人材（一般的には部下）ではなく，評価する側の管理者（一般的には上司）です。だから，評価者の立場で「カンタンすぎる人事評価制度」を開発したのです。それも

社長の着眼点

で。ここで社長の着眼点ではなく，単なる評価する側の上司の着眼点で
「カンタンすぎる人事評価制度」を開発してしまうと，単に評価しやすい，
使いやすい人事評価制度に留まってしまいます。

　社長の着眼点で開発したからこそ，

- **人材が育成されること（後継者育成を含む）**
- **組織の課題や目的を達成すること**
- **組織内のルール・仕組みが作られること**

が実現できる人事評価制度が完成したのです。

　以上3つの目的の先にあることは，

組織の業績向上（要は儲かる）

です。

　小学生でも評価可能な評価基準ということは，評価される側の人材に
とっても，「要求力量のハードル」が非常に明確に理解できます。

- 自分は組織から何を求められているのか？
- 何ができれば高評価を獲得でき，待遇が向上するのか？

人材にとって非常にわかりやすい人事評価制度となり得ます。人材に
とって自分自身が努力するためには，何を努力すればよいのかを理解でき
なくてはなりません。

　人事評価制度における評価基準が明確ということは，

- 組織が自分に対して期待していることは何か？
- 自分が何をしたら組織に喜ばれるのか？

を明確にすることでもあります。

7 評価項目が無限

　これまで，一般的な人事評価制度についてはもちろん，「カンタンすぎ
る人事評価制度」についても数えきれないくらい人事評価制度の導入指導
をしてきましたが，その場で組織側の方（一般的な人事評価制度であれば
プロジェクトメンバー，「カンタンすぎる人事評価制度」であれば社長）

から，非常によく聞く意見があります。それは，

何を評価したらよいのか思いつかない

です。

　そんなご意見を頂戴するたびに，「では，ホント私に人事評価制度導入依頼されて良かったですね！」と伝えさせていただきます。ただ，本来，人事評価制度における「評価項目」は無限に存在しています。

　私を含め「カンタンすぎる人事評価制度」の指導を担うコンサルタントは，頭の中に膨大な「評価項目」「評価基準」の引き出しがあるので，指導の場ではそれらの引き出しを開けていく作業をしているに過ぎません。

　ただ，"何を評価したらよいのか思いつかない"について，「評価基準」が設定できないので「評価項目」とならないという意見であれば頷けます。「カンタンすぎる人事評価制度」では，明確な「評価基準」が設定できない場合は，「評価項目」となり得ませんので。

　その点，一般的な人事評価制度の場合は，そもそも「評価基準」がなかったり，あいまいであったりするので明確な「評価基準」が設定できなくても「評価項目」にできるのです。なのに「評価項目」が思い浮かばないとは……。

　「評価基準」が設定できない「評価項目」とは，あなたも思い浮かびませんか？　例えば次のような評価項目です。

評価項目	上司の指示どおりの作業ができたか

　そもそも"上司の指示どおりの作業"とはどのような作業を指すのか？

　その"作業"が明確ではないにもかかわらず，「評価基準」など設定できないのです。他にも次の「評価項目」はいかがでしょうか。

評価項目	協調性があり，和を大切にしながら，責任を持って進んで作業ができたか

　うーん，この「評価項目」の「評価基準」は難しい。

　「カンタンすぎる人事評価制度」では，極力，策定を避ける「評価項目」

です。といいますか，「評価項目」としてはいけません。ただ，一般的な人事評価制度では，

　4点＝優れている，　3点＝やや優れている，

　2点＝やや努力を要する，　1点＝努力を要する

とでもしましょうか。

　では，この「評価項目」と「評価基準」で評価できるのでしょうか？

　何をもって特に優れているのか，何ができずにかなり努力を要するのか。本当に評価者泣かせです。これでは普通評価できませんね。

　繰り返しますが「カンタンすぎる人事評価制度」では，「評価項目」が無限です。なぜ，無限なのでしょうか。それは，「評価項目」策定に至るアプローチにあります。このアプローチについては，次章で説明しますが，アプローチの仕方次第で「評価項目」は思いつくことができるのです（特に社長にとっては）。

　「カンタンすぎる人事評価制度」は，経営者マインドを活用したアプローチ手法を用いていますので同マインドを持っている方であれば，アプローチを活用した「評価項目」を思いつくことができるのです。

　私が「カンタンすぎる人事評価制度」の指導に入る場合，指導を受けられる側（ほとんどが社長）としては，私を頼ってしまいますので「評価項目が思いつきません」と安易に述べられる方も多いのですが，その場合でも私の方から「評価項目」を思いつくようなヒントを出すと「評価項目」を思いつかれます。

　また，私が指導に入らない場合は，そもそもコンサルを頼るという発想がないため，「カンタンすぎる人事評価制度」のアプローチ手法を踏むことにより「評価項目」を思いつくことができるのです。

8 全員が最高評価を獲得できる絶対評価（相対評価ではない）

「カンタンすぎる人事評価制度」は絶対評価であり，相対評価ではありません。どう違うのでしょうか？

【相対評価と絶対評価の違い】

相対評価	被評価者同士の比較で評価が決定する評価。 仮にS－A－B－C－Dの5段階評価で各20%の場合： 従業員が20名の組織の場合は， S=4名，A=4名，B=4名，C=4名，D=4名となる。 （全員が100点でも一定割合で最低評価の「D」となる）
絶対評価	評価基準に基づき被評価者の評価が決定し他社と比較しない評価。 従業員数20名の組織において，全員が最高の「S」を獲得する場合もあれば，全員が最低の「D」を獲得する場合もある。

　絶対評価の場合は，人材（被評価者）の頑張りや成果がそのまま評価結果となります。私の人事評価制度指導歴27年超の中で一度も相対評価の人事評価制度を導入したことはなく，すべて絶対評価の人事評価制度でした。「カンタンすぎる人事評価制度」も例外ではありません。

　人材を競わせ，順位付けが目的の人事評価制度の場合，相対評価を活用するのでしょうが，中小企業で人材育成を目的とする場合は絶対評価の人事評価制度であるべきです。なぜなら，1人でも多く高評価を獲得させることが人材の育成につながりますし，人材自身のモチベーションの向上にもなります。

9 多面評価や360度評価は不要

　「カンタンすぎる人事評価制度」では，多面評価・360度評価は不要です。多面評価・360度評価とは次のような評価手法です。

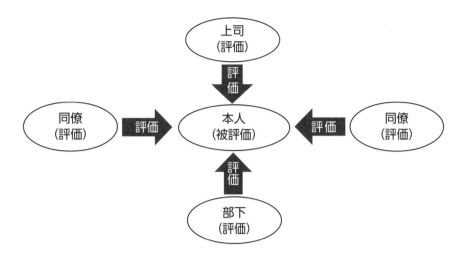

　上図のとおり，多面評価・360度評価とは，上司だけが部下を評価するのではなく，上司以外にも同僚や部下が評価することです。

　私はこのような多面評価・360度評価には反対です。なぜなら，同僚からの評価については，仲が悪い・良いなどの人事評価と関係がない個人的理由が評価結果に反映されたり，部下から高評価を獲得するために部下の機嫌取りに走ったりする上司が現れるからです。

　以上の理由からできるだけ，多面評価・360度評価は導入すべきではないのですが，なぜ，多面評価・360度評価を導入する組織が存在するのでしょうか。

　それは，評価エラーを防止するためです。評価エラーには次のことが考えられます。

- 中心化傾向：評価結果が真ん中に集中する
- 極端化傾向：評価結果の差を大げさに付ける
- 寛大化傾向：全体的に甘い評価になる
- 厳格化傾向：全体的に厳しい評価になる
- ハロー効果：目立った成果や特徴に他の評価項目が影響を受ける
- 期末傾向：評価期間の期末の印象を基に評価する

・論理誤差：推察に基づいた評価となる

　これらの評価エラーはなぜ起こるのでしょうか？　すべての問題に原因がありました。

　そもそも評価エラーが起こる原因とは……，皆さんもう聞き飽きましたね。「評価基準」がなかったり，あいまいであったりするためです。

　「カンタンすぎる人事評価制度」のように小学生でも評価可能な明確な「評価基準」が設定してあれば，評価エラーとは無関係なのです。

　ただ１つ注意点。いくら「評価基準」が明確であったとしても，つい「評価基準」の存在を忘れたり，無視したりする評価者が出現する場合があります。

　「カンタンすぎる人事評価制度」は，「評価基準」が明確なため，評価者訓練は実施不要だと思うのですが，稀に導入企業から依頼され実施する場合があります。その際，模擬評価を実施するのですが，社長以外に模擬評価をさせてみるとこれだけ明確な「評価基準」がありながら自分勝手なモノサシで評価する評価者がいます。このことからも人材全員の評価を社長が行うか，それが無理な場合は，社長が必ず評価の根拠を評価者に確認することが必要でしょう。

　そもそも，「評価基準」に則り被評価者（一般的には部下）を評価できない評価者（一般的には上司）は，評価者失格であり，上司としても失格なのです。要はそのような上司は，その上司自身に対して低評価を付けざるを得ません。

　「カンタンすぎる人事評価制度」の場合，まず心配ありませんが万一のために付け加えておきます。

　以上，多面評価・360度評価は，「カンタンすぎる人事評価制度」では，不要なのですが一部例外があります。それは，介護職員などの被評価者の振る舞いを上司だけでは確認しようがない場合です。

　実際，介護職員による痛ましい事件が発生しており，そのような介護職

員はごく一部であり例外なのでしょうが，同僚や部下からの評価が気になるところではあります。

「カンタンすぎる人事評価制度」では，前述の評価エラーとは無縁のため，各エラーの詳しい内容は割愛します。

10 人材（被評価者）が高評価を取りやすい →会社の業績アップが容易

「カンタンすぎる人事評価制度」は，人材自身が高評価を獲得しやすい人事評価制度です。理由はもちろん，何をすれば高評価を獲得できるのかがあらかじめ明確に公表されているからです。

このような人事評価制度は，組織が人材に対してコミットしていることになります。この"コミット"とは，約束よりも強いニュアンスがありますから，組織としてはそれを必ず守っていただきたい。

大企業が導入・運用している人事評価制度のようにあえてあいまいにしておき，恣意的な内容を組み入れることができる仕組みではありません。

ですから，組織も人材もお互いにコミットしたうえで必ず守っていただく。そのため組織と人材の信頼関係を強化するためのツールでもあります。

人材が高評価を獲得するということは会社の業績アップが実現できることなのです。「カンタンすぎる人事評価制度」の「評価項目」と「評価基準」はそのような作り込みが成されているのです。

中小企業における人事評価制度の問題点として，「わからない」「使えない」「伸びない×2」があることは，第1章で説明しましたが，人材が高評価を取りやすいということは，この「伸びない×2」を全面的に解消することができます（"伸びない×2"とは，人材の技量，知識，能力及び力量が伸びない，企業の業績が伸びないということです）。

「カンタンすぎる人事評価制度」では，「評価基準」として「要求力量のハードル」を設定するため，人材が高評価を獲得するということは，人材

の力量が伸びたということになります。そして，その力量が伸びた人材が能力を発揮したことにより企業業績が向上することなのです。

　私が数多く確認してきた人事評価制度の多くは，人事評価結果と企業業績がリンクしていないのです。

　このような現象はISO（ISO 9001：品質マネジメントシステム，ISO 14001環境マネジメントシステムなど）の審査の場でもよく遭遇します。ISOに取り組む組織は，必ず目標を立案し運用します（ISO 9001＝品質目標，ISO 14001＝環境目標）。しかし，その目標が全く意味をなしていない組織があるのです。

　例えば，5つの目標がある場合，その目標5つすべてが達成されたとしても，組織が全く良くならない。これでは，何のための目標なのか理解できません。特に品質マネジメントシステムは，経営のマネジメントシステムと同じですから問題なのです。環境目標も然りです。環境目標が達成できたところで環境保全につながらないのです。

　同様に人材がいくら高評価を獲得したとしても企業業績が向上しない。これでは社長にとってはもちろん，従業員にとってもやりがいのない仕組みになってしまいます。

　従業員が頑張ったからこそ人事評価で高評価を獲得でき，その結果，企業業績が向上することは，なんと素敵なことでしょうか。従業員からすると自分の頑張りが企業業績向上に寄与できるのです。

　「会社が儲かろうがオレには関係ない」と公言している人材がいることも理解できますが，本心でしょうか？　決して本心ではありません。

　ヒトは頼りにされて悪い気はしないものです。ごく稀にプレッシャーに感じる人材がいることも否定はしませんが，本当に稀なのです。

人材が高評価獲得を目指し頑張る

↓

人材が高評価を獲得する

↓

会社の業績が向上する

↓

業績向上の原資を人材に還元し待遇が向上する

　この循環が機能しだすと，組織風土が俄然ポジティブ（前向き）になります。このような素晴らしいことが人事評価制度で実現できるのですから活用しない手はありません。

　くどいようですが，人事評価制度は人材を評価することが目的ではないのです。人材を育成し，その育成された人材が力量を発揮することにより企業業績が向上し，その向上した原資を人材に還元できるのです。

11　Zoom活用でも可能

　コロナ禍によりテレワーク同様，Zoom（Web会議サービス・コミュニケーションツール）が広く普及しました。当社も年20～30回開催している「カンタンすぎる人事評価制度導入に向けた体験勉強会」について，初めて開催した2018年9月から1年半くらいはリアル開催中心でしたが，コロナ禍後は，Zoom開催が中心となっています（ただ，コロナ対策を徹底したうえでリアル開催もしています。リアル開催ならではの良さはありますね！）。

　Zoomに限らずWeb会議サービス・コミュニケーションツールは使えば使うほど便利なツールだと思います。当社でもZoomとSlackはなくてはならないツールとなっています。

　目の前に打合せ対象者がいる場合でも，あえてZoomやSlackの画面共有機能を使うことで，PC上の同じ画面・同じ文書・同じExcelを見ながら打合せができます。このことにより，液晶プロジェクターや大画面ディスプレイは不要となります（しかも，Google Workspaceを使えば共同編集もできる！）。

「カンタンすぎる人事評価制度」を私のような専門家の指導を受けずに自社独自で導入する場合で，社長だけでは「評価表」作成部署の業務内容が把握しきれず，当該部署の管理者に参加してもらう場合，その管理者が別の支店・拠点に在籍していたとしてもZoomやSlackを活用して「評価表」の策定が可能です。

「カンタンすぎる人事評価制度」の導入コンサルティングを受けられる場合もZoomが活用できます。実際，現状では20％くらいのコンサルティングがZoomでの指導となっています。これも指導を受ける側の参加者が3名以下の場合は（指導側と合わせて4名以下），特別な設備がなくても即対応できるために非常に便利ですね。

「カンタンすぎる人事評価制度」を私たちコンサルタントが指導する場合，参加者は「社長＋コンサルタント」もしくは「社長＋評価表作成部署の管理者＋コンサルタント」の多くても3名までですからZoomでの指導も可能というわけです。

Zoomが普及してよく耳にするのが「Zoomでの会議・ミーティングは疲れる」ということ。これは確かに頷けます。では，なぜZoomでの会議・ミーティングは疲れるのか？　原因を探ってみましょう。

Zoomの会議・ミーティング，セミナーはなぜ疲れるのか？

　A　自分の発言のタイミングがわからない

　B　集中力が途切れる

大きな原因はこの2つではないでしょうか？

まず，"A 自分の発言のタイミングがわからない"について考えてみます。

これはそのとおりです。参加者である自分に対しても発言義務がある場合，どのタイミングで発言すればよいのか。要はどのタイミングで口を挟めばよいのかを考えながら参加していると疲労感が増します。そうこうしているうちに議事が進んでしまい発言の機会を逸することにより疲労感・

モヤモヤ感が蓄積されます。

　これを是正するためには，司会役が会議・ミーティングのシナリオをある程度決めておき，発言者を指名していくなどの手法が有効です（他にも有効な手段はありますが，本書ではこれくらいにしておきます）。

　「カンタンすぎる人事評価制度」の「評価表」策定でZoomを活用する場合は，出席者がせいぜい3名までなので，ランダムに発言できるでしょうから，この"A 自分の発言のタイミングがわからない"は当てはまらないでしょう。

　次に"B 集中力が途切れる"についてです。

　これは，2～3名が参加する会議・ミーティングやコンサルティングでは当てはまらないでしょう。もちろん，単に集中力が切れることはありますが，それはZoomだからではなく，face to faceのリアル会議・ミーティングでも起こり得る現象ですから。

　ただ，Zoomによるセミナー・勉強会に参加して集中力が途切れるのであれば，それは，セミナー・勉強会のコンテンツ（内容）に問題があるからでしょう。要するに「つまらない」「難しすぎる」などです。

　当社が開催するセミナー・勉強でも，会場でのリアル開催の場合は，講師が歩き回ったり，参加者に話しかけたり，ホワイトボードを活用したり，身振り手振りを大きくすることで参加者である受講生の視線を動かすことにより興味を惹かせることが可能なのですが，Zoomの場合，パソコンの画面を一点集中で見ていることになるので集中力が途切れてしまいます。

　Zoom開催するセミナー・勉強会で参加者である受講生の集中力を途切れさせないようにするには，スライド（PowerPoint，Googleスライド等）枚数をとにかく増やして退屈させないようにし，内容的にも興味深く，「そうそう」と共感を得られること，「えっ？そうなの？」と常識とは異なる考え方を示すことが必要でしょう。

　セミナー・勉強会をZoom開催する場合，参加者の集中力が持つのはせ

いぜい2時間といわれており，途中休憩も多めにとることが常識となっています が，当社が月2〜3回実施している「カンタンすぎる人事評価制度導入に向けた体験勉強会」では，3時間みっちりの内容で途中休憩も5分休憩を2回挟むだけです。

退屈しない内容であれば，Zoom開催のセミナー・勉強会であっても受講生の集中力は3時間持ちますし，休憩が少なくても大丈夫です。

その代わりスライドは，3時間のセミナーで170枚ほど作成します。

そして，毎回改善しているため同じ勉強会でも2回と同一内容がありません。これは，毎回PDCAを廻しており，勉強会終了後に改善点を洗い出し，スライドの修正，話す内容の修正，構成の修正等を行っているからです。

「Zoom活用も可能」を少々深掘りしすぎて説明しましたが，この本をお読みのあなたもZoomやSlackを使い倒していただくことにより組織運営が格段に改善されるでしょう。

このように「人事評価表」の策定にZoom等を活用できることは「カンタンすぎる人事評価制度」の長所といえるでしょう。

12 世界でたった1つのあなたの会社専用の人事評価制度

上記のタイトルをご覧になり違和感がありませんか？

「えっ，そもそも人事評価制度って当社専用の仕組みなのでは？」と。

実は，それがそうでもないのです。例えば，次のことを想像してみてください。

一般的な人事評価制度を導入した同一業種……，そうですね，ここでは建設業としましょう。一般的な人事評価制度を導入した建設業者5社が自社の工事部の「評価表」を会社名が削除された状態で持ちより，その5種類の「評価表」を黒板に掲示して，各社の工事部の従業員に来てもらい自社の「評価表」を見つけ出してもらう。

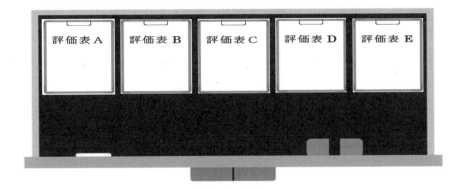

　果たして，各建設業者の工事部従業員は自社の「人事評価表」を見つけ出せるのでしょうか？

　社長としては当たり前のように「自社の『人事評価表』を見つけ出せる」と思われているかもしれませんが，「人事評価表」の内容をよく見てみると，自社特有の記載内容が明記されていない。建設業者であればどの会社でも当てはまるような内容になっている。そんなことはないでしょうか？

　実はこのようなことは「あるある」なのです。

　「人事評価表」に"○○建設株式会社"と書いてあれば，会社名が表記されているから容易に見つけ出すことができますが，会社名の表記がない場合は見つけ出せない……。

　これが，一般的な人事評価制度ではよくあることなのです。

　考えてもみてください。子供の運動会に行ったとき自分の子供の体操服に氏名の表記がなくても見つけ出せますね。クラスの集合写真で自分の子供を見つけ出せますね。それは，世界でたった1人のお子さんだからです。でも「人事評価表」はそうでもないのです。

　当社が開催している「カンタンすぎる人事評価制度導入に向けた体験勉強会」に一番来ていただきたくない参加者の話をします（コンサルティングしたくない方でもあります）。

それは，「事例ちょーだい君・事例クレクレさん」です。

　誤解のないように説明しますが，説明時に理解を深めるために「例えば……」と説明すること，判例を参考にすることなどではありません。本来，「自分ごと」として0（ゼロ）から作り込むべきことについて，「事例は？」と所望してくる「事例ちょーだい君・事例クレクレさん」が問題なのです。

　「事例ちょーだい君・事例クレクレさん」に限って，事例を大いに参考にするというか，事例をそのまま使いたがる。要は自分の頭を使えない人たちのことです。

　確かに「1を10にできる人材」は，たくさん存在しますが，「0を1にできる人材」は，少ないのが実態です。

　しかし，「0を1にできる人材」＝「ゼロイチ人材」は，訓練により育成できます。

　私がコンサルティングに入る場合，コンサルの種類は問わず，この「ゼロイチ人材」の重要性を説いています。

　なぜ，「カンタンすぎる人事評価制度導入に向けた体験勉強会」に来て
いただきたくない，コンサルティングしたくない方が，「事例ちょーだい
君・事例クレクレさん」なのでしょうか。

　当社が主催している勉強会でも開催から数か月間は「カンタンすぎる人
事評価制度」の「人事評価表」の見本をお渡ししている時期がありました。
しかし，現在では取り止めています。なぜなのか。

　それは，お渡しした「人事評価表：見本」をそのまま自社に当てはめ自
社の「評価表」として活用してしまう場合が多く，それだけなら単に使え
ない「評価表」としてある意味自業自得なのですが，その後，次の2つ
の意見を頂戴することになるのです。

　A：「見本を基に『評価表』を作ってみましたが上手く使えません。ど
　　　うしたらいいでしょうか？」

　B：「カンタンすぎる人事評価制度は，使えないのですね」

　「人事評価表：見本」をお渡しする際に，「いいですか，ゼッタイにその
まま丸写しで使わないでください。一字一句，自社の内容に変更して作成
してください。そして，自社オリジナルの『評価表』にしてから使ってみ
てください」とくどいくらい伝えているのですが……。

　受講生から後日，Bの「カンタンすぎる人事評価制度は，使えないので
すね」のご意見に対しては，「もう一度，勉強会資料を確認のうえ策定し
直してください」と少々，そっけない対応をするのですが，Aの「見本
を基に『評価表』を作ってみましたが上手く使えません。どうしたらいい
でしょうか？」のご質問に対しては，かなり丁寧に対応していました。こ
れがまた大変！　そんなこともあり，その後，開催している勉強会では一
切「人事評価表：見本」はお渡ししていません。

　以上のような理由もあり，「カンタンすぎる人事評価制度」について執
筆した過去2冊の拙著でも「人事評価表」の作成見本を掲載しない方向
で出版社さんに製作していただきました。この「人事評価表」の作成見本
を掲載しないということは，読者に対して不親切ではなく，何とか「カン

タンすぎる人事評価制度」を活用して成果を出していただくために必要な施策であることをご理解いただきたかったのです。

　過去2冊の拙著にて説明している「カンタンすぎる人事評価制度」の策定方法を読み込んで「カンタンすぎる人事評価表」の策定に挑戦していただければ，あなたの会社専用の「人事評価表」が完成するのですから，人材育成も実現し会社の業績アップも実現できます。ただ，そうは言っても，さらに「カンタンすぎる人事評価制度」をご理解いただき，「学んで，作って，使って，成果を出す」ためにこの本を執筆しました。

　勉強会の話に戻しますが，「人事評価表：見本」をお渡ししていない理由を勉強会で伝えるようにしたところ，さすがに参加者の約90％が社長だけあって，皆さん頷いていただいております。

　ただ，約10％の参加者は社長さん以外の方もいらっしゃり，他の経営層の方であれば頷いていただけるのですが，一般職の方の場合，やはり「人事評価表：見本」に拘られます。これが，経営者感覚というか経営者マインドを持っていないということになるのだと思います。

　あなたの組織の人材の力量を向上させ，その力量を発揮してもらい，組織の業績を向上させるためには，たった1つのあなたの組織のための「人事評価制度」が必要なのです。

　ですから，汎用性のある人事評価制度は絶対に導入してはいけません。あくまであなたの組織のためだけに，あなたの組織が雇用する人材のためだけに作った人事評価制度を活用してください。

　組織が100あれば100通りの組織があり，人事評価制度も100通りあるはずなのです。**人材が20人いれば20通りの人材がおり，「人事評価表」も20種類あるはず……**，しまった……余計なことを書いてしまいました。取り消します。いや，嘘は吐けません。腹をくくって，この件について次項で説明します。

　とにかく「カンタンすぎる人事評価制度」は，世界でたった1つのあ

なたの組織だけの人事評価制度が策定できます。決して，同業他社の人事評価制度を写したものではありません。だからこそ，人材育成が可能であり，業績向上が実現できるのです。

13 人材ごとに「評価表」が策定できる

前項では，人材が20人いれば20通りの人材がおり，「人事評価表」も20種類あるはずという余計なこと，いや，正論を書きました。

「カンタンすぎる人事評価制度」は，仕組みがシンプルであり，「評価表」の策定時間も短時間で策定できるため，従業員数ごとに「評価表」を策定することも可能です。この件については，第4章の5で詳細に説明していますのでそちらに譲ります。

14 「0→1：ゼロイチ人材」を育成できる

「0→1：ゼロイチ人材」については，前々項で説明したとおり，ゼロから創り出すことができる人材のことです。この概念は企業にも当てはまります。ゼロから創り出すことできる企業と。

1を10にするとはすでにあるコトに追加する・膨らませていけばよいのですが，0を1にするとは，全く何もない状態から何かを作り出すことになります。だからこそ価値があるのです。

類似したたとえで，「与えられたモノ・コトをこなしていく人材」と「与えられたモノ・コトに満足せずに，付け加えられないか，複合できないか，取り除けないかなどを試みることができる人材」（以下，「現状改善試み人材」とします）の2種類が存在します。

どちらの人材も組織にとっては重要なのですが，組織が飛躍するためには，「ゼロイチ人材」や「現状改善試み人材」が必要になります。人材全員でなくても構いません。5人から10人に1人存在すればよいのです。

大企業においては，「ゼロイチ人材」「現状改善試み人材」は疎まれる場合もありますが，中小企業・小規模企業においてはこれらの人材が組織の

飛躍を担うことになります。

　第1章の“⑤小規模企業が大企業のマネをしてはいけない8ケ条”の“(4)) 没個性指導：エッジの効いた人材が小規模企業を救う”で説明した，エッジの効いた人材（尖った人材）とも通じますが，「ゼロイチ人材」はさらに必要な人材です。ただ，今の日本の社会でゼロから創り出せる人材は稀少ですし，そもそもそのような考え方がありません。

　実際，この「ゼロイチ人材」の必要性について，社長さんたちに説明すると共感を得られるのですが，雇用されている側の人材に説明しても，「？？？なんですかソレ？」という感じで説明した自分が悲しくなってしまいます。

　では，「カンタンすぎる人事評価制度」で「ゼロイチ人材」や「現状改善試み人材」を育成することは可能なのでしょうか？

ハイ，可能です。

　では，具体的にどうするのか？

　「人事評価表」の「評価項目」に何かを一から作成させる項目を入れるのです。

　例えば，新規顧客開拓用のダイレクトメールの文書を作成することを「評価項目」とするのです。

　でも，今まで一度も顧客開拓用の文書など作成したことがない人材に対して，「新規顧客開拓用のダイレクトメールを作成してください。これを評価項目とします」としたところで，人材としては困ってしまいます。そもそも今までダイレクトメール策定のために脳みそを活用したことがないのですから。

　一般的な人事評価制度においては，このような少々無理な「評価項目」だけを設定してしまい，結果，ダイレクトメールの策定はできずに不出来な人事評価制度となってしまいます。

　では，「カンタンすぎる人事評価制度」では，どうするのか？

- 顧客開拓用のダイレクトメールを作成するためにはどのような力量が
  必要なのか？……A
- その力量を身に付けるためにはどうすればよいのか？……B

を明確にして，「評価項目」にすればよいのです。

　例えば，Aについては，コピーライティングの力量が必要だとします

　そして，そのコピーライティングの力量を身に付けるためには，社長から提示されたコピーライティング及びマーケティングに関する書籍を読むことだとします（B）。

　以上をまとめますと，新規顧客開拓用のダイレクトメールをゼロから作成させるための「評価項目」と「評価基準」を次のようにすればよいでしょう。

評価項目 ①	社長から提示されたマーケティングとコピーライティングの書籍を各3冊（計6冊）読み，それぞれの要約をまとめたレポート（1000字以上）を提出する。
評価基準 ①	5点＝6冊のレポートを提出，3点＝1〜5冊のレポートを提出，1点＝レポートの提出なし
評価項目 ②	新規顧客開拓用のダイレクトメールを作成する。 （1種類当たりA4版2枚）
評価基準 ②	5点＝4種類以上作成，3点＝1〜3種類作成，1点＝未作成

　上表例の"評価基準②"では，ダイレクトメールの作成枚数を評価基準とし，質までは評価対象としていませんが，もちろん質を評価対象としても構いません。

　ここでのポイントは，ダイレクトメール作成という成果だけを求めるのではなく，ダイレクトメールを作成するための力量を身に付けさせるというプロセスを評価項目としたところです。これが人材育成に必要なのです。

あなたの会社では成果だけを求めていませんか？

　成果だけを求めてしまうと，人材はさまざまなショートカットや褒められないやり方で成果を出そうとする場合があります。それを防ぐためには，成果に至る技量，知識，能力及び力量を身に付けさせることを「評価項目」とすべきなのです。

　そして何より重要なことは，あなたの組織にとって「ゼロイチ人材」が必要であれば，育成するための「評価項目」「評価基準」を設定することです。

　「人事評価表」を策定する場合，どうしても日々の業務に注目してしまい，現状の業務をこなすための評価項目に終始してしまうことが多いのですが，「カンタンすぎる人事評価制度→人材育成→業績向上」を強く意識していただき，

当社ではどのような人材を育成すべきなのか？

を念頭に「評価項目」と「評価基準」を設定してください。

　当項では「ゼロイチ人材」の育成を例にして説明しましたが，社長・会社にとっての理想人材を明確にしたうえで「評価項目」と「評価基準」を設定することが「カンタンすぎる人事評価制度」では，要求されていますので活用してみてください。

15 多様性を損なわない人事評価制度

　例えば，製造業を営む企業で製造部員15人が全員同じ「人事評価表」を使用する場合，15人全員が同じ評価項目，同じ評価基準になります。このことはいわゆる「人材の標準化」を求めているともいえます。

　企業にとっては，求めている人材像に近い人材が育成されることは，問題ではなく理想なのかもしれませんが，第1章の“⑤小規模企業が大企業のマネをしてはいけない8ケ条”の“(4)没個性指導：エッジの効いた人材が小規模企業を救う”とは相反することになります。また，今の社会では多様性を尊重することが組織の義務となりつつありますが，同じ評価

項目，同じ評価基準の同一部署の「人事評価表」の活用自体が多様性を損ねているともいえます。

　「カンタンすぎる人事評価制度」は，私が考える究極の人事評価制度である“人材ごとに「評価表」を策定する”を実現可能なのです（第 4 章⑤でも説明します）。

　確かに，21人の企業で 3 種類ではなく，21種類の「評価表」を策定することは 3 種類策定するより手間はかかりますが，単純に 7 倍手間がかかるということではなく 3 倍くらいで済むのです（詳細は次章で）。

　3 倍の手間をかけたとしても，究極の人事評価制度を導入して組織が獲得できる対価は非常に魅力的ですから，組織として人材の多様性を損なわないためにも検討の余地ありだと思います。

　組織としては，1 人ひとりの事情や多様性にいちいち配慮していては経営ができないと嘆く社長さんもいらっしゃると思いますが，小回りが利く中小企業だからこそ，多様性を損なわない人事管理や働く人 1 人ひとりの事情に寄り添うワントゥワン人事管理が可能なのです。その結果，人材から組織へのエンゲージメントが高まるのであればぜひ対応すべきと思います。

⑯　法令に則った人事評価制度（社会保険労務士が監修）

　「カンタンすぎる人事評価制度」は，社会保険労務士でもある私が開発した人事評価制度ですから，仕組み自体は社会保険労務士が監修ということにはなりますが，皆さんがどのように作りこまれるかによって法令上適切か否かの判断が異なります。

　今まで数えきれないくらいの人事評価制度を確認してきましたが，残念ながら法的に問題のある人事評価制度をいくつも見てきました。

　私が人事評価制度策定指導を行う場合，私自身が社会保険労務士でもあることから法的に疑義がある「評価項目」や「評価基準」については，極

力排除していただいています（グレーな部分や社長の思い入れが強い場合に完全に排除できない場合があることも事実ですが）。

　例えば，次の評価項目の場合，法的にどのような疑義があるのでしょうか。

評価項目	始業開始15分前に出勤しているか
評価基準	5点=毎日出勤している，　3点=たまにぎりぎり出勤， 1点=いつもぎりぎり出勤

　この「評価項目」「評価基準」のどこに問題があるのでしょうか？　と社長さんからよく質問されるのですが，あなたはどう思われますか？

　ちなみに「評価基準」としては，5点：良い，3点：普通，1点：悪いですから，始業開始15分前に毎日出勤している人材に良い評価である5点を与えるのは，問題ないのかもしれませんが，始業時刻にいつもぎりぎりで出勤してくる人材に1点の悪い評価を与えることは問題です。

　"始業時刻にいつもぎりぎりで出勤"とはいえ，遅刻しているわけでもなく，決められた始業時刻に出勤しているのです。にもかかわらず，悪い評価を下されていることは問題ですね。

　では，次の「評価項目」「評価基準」の場合はいかがでしょうか。

評価項目	年50回実施する組織改善ミーティングへの出席
評価基準	5点=欠席3回以内，　3点=欠席4～8回，　1点=欠席9回以上

　一見，何も問題のない内容です。ただ，組織改善ミーティングが労働時間外の業務終了後に実施されており，手当が何も支払われていない場合はいかがでしょうか。早い話がサービス残業。

　要は，サービス残業の拒否が年3回までの人材は5点（良い）を獲得

でき，サービス残業を年9回以上拒否した人材は1点（悪い）というレッテルを貼られてしまっているのです。この事例も非常に問題といえましょう。

　さまざまな組織でこのような問題ある「評価項目」「評価基準」が存在しているのです。

　以上のような問題は，「カンタンすぎる人事評価制度」でも，完全に防ぐことはできません。ただ，「カンタンすぎる人事評価制度」は「評価項目」も「評価基準」も明確ですから，労働基準法などの労働関係法令の知識が少々あれば防ぐことができますし，「人事評価表」の内容をフルオープンするので，その際，人材側から疑義があれば精査したうえで修正・改善が容易な人事評価制度だと思います。

　また，あなたの会社に顧問の社会保険労務士がいらっしゃる場合，「カンタンすぎる人事評価制度」完成後に疑義が生じた「評価項目」「評価基準」について相談されるとよいでしょう。

　もう1つの方法として私にご連絡いただければ，でき得る限り回答したいと思いますのでご質問ください（もし，多忙などの理由で回答できない場合，申し訳ありません m (_ _) m）。

第4章

「カンタンすぎる人事評価制度」
の具体的作成方法

① 本当に今日作って明日から使う

　今まで，「カンタンすぎる人事評価制度」について説明してきましたが，本当に今日作って明日から使う人事評価制度が存在するのでしょうか？

　答えはもちろん「YES」です。

　実際に1,200名を超える小規模企業の経営層の方々に「カンタンすぎる人事評価制度の策定手法」をレクチャーさせていただき多数，導入いただきました。また，私が直接指導し，1日で「カンタンすぎる人事評価制度」を導入した企業も200社を超えました。

　では，読者の方が具体的に「カンタンすぎる人事評価制度」を導入するためのスケジュールを考えてみましょう。

【カンタンすぎる人事評価制度　導入スケジュール】

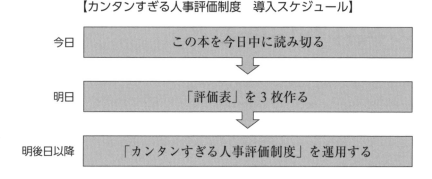

今日	この本を今日中に読み切る
明日	「評価表」を3枚作る
明後日以降	「カンタンすぎる人事評価制度」を運用する

　どうですか？　いたってシンプルですね。本当に1日で作って次の日から運用できるのです。

　とにかく，この「1日で作る」が肝心なのです。

　「人事評価制度」は，「必要！」と思ったときが，使いたいときなのです（これは何も人事評価制度に限ったことではありませんが）。

　「必要！」と思ってから，使い始めるまで半年も待てないのです。では，実際に「カンタンすぎる人事評価制度」における「評価表」の策定方法を説明していきましょう。

② 「カンタンすぎる人事評価制度」における 「評価表」策定のアプローチ

本章では，架空の会社の事例をもとに実際の「カンタンすぎる人事評価制度」の「評価表」を策定してみましょう。

この「評価表」策定のアプローチは，今までの人事評価制度策定のアプローチとかなり異なるので違和感を覚える方も多いと思います。特にオーナー社長以外の方から見て，「評価表」策定の5つのアプローチは想定外かもしれません。この"違和感"や"想定外"から，「なんか難しそう」と感じてしまう方もいらっしゃると思いますがそのようなことは絶対にありません。

逆にオーナー社長がこの「評価表」策定の5つのアプローチをご覧になると，非常に共感していただけるのではないでしょうか。だからこそ，「カンタンすぎる人事評価制度」は，組織の全責任を負っているオーナー社長自ら策定する必要があるのです。

でもご安心ください。オーナー社長でない方でも，オーナー社長のマインドさえあれば，他の経営層の方でも，総務部長さんでも，一般社員の方でも「カンタンすぎる人事評価制度」の策定はできるのです。そこで，"オーナー社長のマインド"とはどのようなことなのでしょうか。それは，

オーナー社長のマインド＝会社で起きていることを

自分ごととして捉える

に尽きます。

会社ではさまざまなことが起こります。例えば運送業の場合，最悪の事態として自社の車両が交通死亡事故の加害者となり得ることがあります。その場合，当該トラック業者の社長として非常につらい立場に立つことになります。

でも，他のドライバーや従業員からしてみるとどうでしょうか？ 所詮「他人ごと」だと感じていませんか？ これは少し極端な例かもしれません

が，他にもコロナ禍で経営状況が悪くなる兆しがあるだけでもオーナー社長の場合，居ても立っても居られない思いになるのではないでしょうか？

翻って単なる一従業員の場合，自身が勤務する企業の経営状態が悪くなる兆しがあるだけでは，所詮他人ごとではないでしょうか？　その後，給与カットや未払い賃金の可能性が出てきたところで初めて「自分ごと」と捉えるのではないでしょうか？

「オーナー社長のマインド」とは，会社で起きているさまざまな事柄について所詮他人ごとと無関心な態度をせずに，「自分ごと」と捉えて思案し場合によっては行動を起こすマインドのことを指します。

オーナー社長でなくても，総務部長さんでも一般社員の方でもこのような「オーナー社長のマインド」をお持ちの方であれば「カンタンすぎる人事評価制度」の策定は容易でしょう。

実は，一般社員の方が「オーナー社長マインド」を持つことこそが，

- 昇給，昇格，出世及び待遇改善
- 近い将来の起業

につながる近道です。

以上，「カンタンすぎる人事評価制度」の策定手法は，小規模企業のオーナー社長マインドを持つ方にとって共感を得られる人事評価制度策定手法であり，完成した「評価表」は小規模企業の業績向上のためのツールとなり得るのです。

③ 「評価基準」は必ず「評価項目」ごとに決定すること

1つここで注意点。一般的な多くの人事評価制度の大きな欠点として，評価項目が異なるにもかかわらず評価基準が同一の場合が非常に多いです。例えば，販売業の評価項目として

イ：正確で間違えのないレジ打ち業務ができる

ロ：お客様が買い物しやすい陳列ができている

ハ：常に笑顔で感じの良い接客ができている

の3種類を評価項目とした場合，評価項目がそれぞれ異なるにもかかわらず評価基準が，

S＝非常に良い　A＝良い　B＝普通　C＝やや悪い　D＝悪い

の5段階評価で行っているのです。

このような評価基準の場合，評価結果はブレまくりでしょう。

評価結果の"ブレ"を軽減するために評価基準を2種類や4種類の偶数にする手法を取る場合があります。例えば，

2種類の場合：A＝良い　B＝悪い

4種類の場合：A＝良い　B＝やや良い　C＝やや悪い　D＝悪い

のように真ん中の評価に集中させず，「良い」か「悪い」のいずれかを判断させるための手法ですが，そもそも，すべての評価項目の評価基準に対して同一なのですから最適な評価基準とはいえないでしょう。

「カンタンすぎる人事評価制度」の特徴として，評価基準は小学生でも評価できる基準を決定します。例えば，前述の販売業の評価基準の場合，次のようになります。

評価項目	正確で間違えのないレジ打ち業務ができる
評価基準	月平均の金額誤差：5点=100円以内，3点=100円超1,000円以内，1点=1,000円超
評価項目	お客様が買い物しやすい陳列ができている
評価基準	「陳列見本」を活用した陳列パトロール点数（年平均）：5点=95点以上，3点=90点以上95点未満，1点=90点未満
評価項目	常に笑顔で感じの良い接客ができている
評価基準	5点=常にできている，3点=できないときがある，1点=できていない

いかがですか？

評価項目ごとに個別の評価基準が設定してあります。そして，その評価基準はデータさえあれば小学生でも評価可能ですね。

「カンタンすぎる人事評価制度」の「評価表」策定の目安時間は以下の
とおりとなります。

「評価表」	1枚当たりの策定時間
1枚目の「評価表」	約4時間
2枚目の「評価表」	約2時間
3枚目以降の「評価表」	約1時間30分

　上表から，6時間で2枚の「評価表」が作成でき，7時間30分で3枚
の評価表が作成できます。また6枚の「評価表」を策定する場合でも12
時間で策定できます。

　仮に従業員数12名の製造業で製造部，営業部及び総務部の3つの部署
が存在している場合，3種類の「評価表」を作成することになりますので，
7時間30分で3部署すべての「評価表」が完成でき，まさに「今日作っ
て明日から使う」ことができるのです。

　ただ，たった1日で3種類の「評価表」が完成するとはいえ，社長ご
自身の脳みそを酷使する作業になりますので相当疲れます。「それでは
"カンタンすぎる" ではないじゃないか！」とお叱りを受けそうですが，
通常数か月から1年以上かかることを鑑みると1日で「評価表」が完成
するのですからお許しください。

　「評価表」の策定時間の目安はご理解いただけたと思いますが，「評価
表」の策定に着手する前に重要な決定事項があります。それは，
「評価表」を何枚策定するのか？
です。

　例えば，製造部で同一職種の場合，「評価表」は1種類作成することに

なりますが，入社1年目の人材と入社20年目のベテラン人材を同じ1種類の「評価表」で評価してよいのでしょうか？　同じ評価基準でよいのでしょうか？　同じ「力量のハードル」でよいのでしょうか？

また，職能資格等級を導入している企業の場合，1等級の人材と6等級の人材を同一の「評価表」で評価することに違和感があります。

前述の例のように作業内容の詳細がわからず，入社1年目の人材と20年目の人材を単純に比較した場合，力量に相当の差があると推察できますから「評価表」を2種類作成する必要性を感じます。しかし，某製造業において1年で通常の作業ができるようになる場合で製造部の人材構成が入社2年目から入社20年目の10名の場合であれば，製造部の「評価表」は1種類で問題ないことが理解できます。また，30名未満の企業で職能資格等級を導入している企業はごく少数でしょう。

このように作業内容・業務内容はもちろん，それぞれの企業の事情により「評価表」を何種類作成すべきかの判断が異なるのです。要は

**　　　その人材を評価するにふさわしい「評価表」なのか？**

を判断すべきなのです。

実際，従業員数100人の企業で3種類の「評価表」だけで「カンタンすぎる人事評価制度」を運用している企業もあれば，従業員数12人の企業で6種類の「評価表」を策定した企業もあります。

ただそれでは読者の皆様が混乱すると思いますので私の経験から説明させていただきます。

私が「カンタンすぎる人事評価制度」の導入を指導させていただいた従業員数30名未満企業の約8割が「評価表」の策定枚数は3種類以下となっています。

ですから本書のメインの読者層である30名未満の企業の場合，約8割が3種類の「評価表」を策定すれば「カンタンすぎる人事評価制度」の導入ができるということになります。

⑤ 究極の「人事評価制度」についても考えてみる

究極の「人事評価制度」とは，ズバリ

人材ごとに「評価表」を策定する

でしょう。

26名の従業員がいれば，26種類の「評価表」を作成するのです。

「『カンタンすぎる人事評価制度』と言いながら，トンデモナイことを言い出す人事評価制度の専門家だなぁ」と思われたかもしれませんが，これは至って正論なのです。

「いくら正論でも実現不可能でしょう」とこれまた突っ込まれそうですが，「カンタンすぎる人事評価制度」ならそれも可能なのです。

なぜ可能なのでしょうか？　それは，「評価表」の作成時間が極端に短いからです。でも，前述の「評価表」策定の目安時間では，3枚目以降の「評価表」の策定時間は1枚当たり1時間30分かかります。ですから，従業員数26名の企業では，42時間もかかる計算になります。

（1枚×4時間）＋（1枚×2時間）＋（24枚×1時間30分）＝42時間

これでは，1日8時間費やしても5日以上かかってしまいます。「社長が5日連続で『評価表』の作成に没頭するなんて無理です」とお叱りを受けそうですがご安心を。

前述の「評価表」策定の目安時間は，あくまで異なる部署の作成時間なのです。例えば，6枚作成する場合，総務部，営業部，第1製造部，第2製造部，生産管理部，品質管理部の6つの部署が異なっている場合です。

製造部の人材が10人いる場合，同じ製造部の「評価表」を10種類策定する時間は極めて短時間で済みます。その根拠は次のとおりです。

同じ「評価表」をベースにして人材の保有力量や経験により，

• 評価基準を変えてみる

• 評価項目を変えてみる

評価基準を変えてみる方法として，「入社1年目人材」「入社20年目人

材」で考えてみると次のようになります。

評価項目	年間VE（Value Engineering）提案数
入社 1 年目人材の評価基準	5 点＝ 2 以上，1 点＝ 1 ，1 点＝なし
入社20年目人材の評価基準	5 点＝ 6 以上，1 点＝ 2 ～ 5 ，1 点＝ 1 以下

「入社 1 年目人材」の評価基準を下げればよいのです。

　これは，前々項の"③「評価基準」は必ず「評価項目」ごとに決定すること"で説明しましたね。一般的な多くの人事評価制度の大きな欠点である評価項目が異なるにもかかわらず評価基準が同一の場合では不可能な対応ですが，「カンタンすぎる人事評価制度」のように「評価基準」ごとに「評価項目」を策定する手法であれば簡単に対応可能なのです。

　また，評価項目についても考えてみましょう。

入社 1 年目人材の評価項目	「力量表」の年間の力量向上ポイント数
入社20年目人材の評価項目	対象部下の「力量表」の年間の力量向上ポイント数

「入社 1 年目人材」の評価項目は自らの力量向上ポイント数が評価項目ですが，「入社20年目人材」の評価項目は部下の力量向上ポイント数なのです。

　この評価項目についても同部署であれば評価項目を一から考えなくても評価の着眼点や対象をずらすことで容易に評価項目を見出すことができるのです。

　この手法を使いますと従業員ごとに「評価表」を策定することはそれほど大変なことではなくなります。

　究極の人事評価制度である人材ごとに「評価表」を策定することにより，「要求力量のハードル」（「要求成果のハードル」）が人材ごとに明確になるため「人事評価制度」の目的の 1 つである「人材育成」が容易になるの

です。

　とはいえ，「カンタンすぎる人事評価制度」導入当初は，この究極の人事評価制度にしなくても十分に人材育成につながりますので，極力シンプルな形で策定し運用されることがよいでしょう。

まずはやってみる！

ですね。

　では，事例をもとに「評価表」の策定に取り掛かりましょう。

⑥　事例をもとに「評価表」を策定してみる

【事例企業】
- 組織名：あおい工務店株式会社
- 創業：1970年　　　● 業務内容：個人向け住宅の設計・施工
- 従業員数：15名　　　● 部署：設計部，工事部，営業部，総務部
- 作成する「評価表」：設計部

　当該企業は，三代目社長の下，50年以上の社歴の成果である「培った信用・信頼」「膨大な顧客名簿」を重要資産と位置づけ地域に密着した営業を続けているが，ここ数年，毎年数百万円の経常損失を計上している。

　まずは第2章で説明した「人事評価制度の目的」に照らし合わせて当該企業の人事評価制度導入の目的を考えてみましょう。

目的1：人材育成，後継者育成

　当該企業の実態としては，10年前から時が止まっている状態です。その理由としてぬるま湯体質が挙げられます。当該企業は老舗企業であり，地域においても名の通った存在であるため，「老舗の優良企業」という評判に胡坐をかいている状態と言わざるを得ません。この10年胡坐をかいた結果，人材の力量もほとんど向上していないのです。

　社長としては，今までの社歴及び諸先輩従業員が創ってきた「老舗の優良企業」という評判に恥じない組織運営を行うためには，今以上に人材の力量（能力）向上が必要であることを痛感しています。

　人材が身に付ける大まかな力量（能力）としては，以下が挙げられます。

- 設計部：施主の真のニーズ（必要性）・ウォンツ（欲求）を引き出した設計能力
- 工事部：高品質で実行予算厳守の住宅建設能力
- 営業部：既存のマーケティング資産を活かした積極的な営業能力
- 総務部：「会社の顔」「各部署のバックオフィス」を実現する能力

各部署の人材がこれらの能力を身に付ける人事評価制度が必要です。

目的2：組織の課題を解決すること

　当該企業の解決すべき課題としては，何といっても赤字体質からの脱却です。現状，自己資本が充実しており毎年数百万円の経常損失を計上したところで経営状況が極端に悪化することはありませんが，このまま毎年数百万円の経常損失を出し続けていくことは容認できません。

　そして何よりも赤字であることに危機感・問題意識を持たない経営層や従業員の意識が非常に問題であり，働く人材としては温い体質で働くことができそれはそれでラクなのかもしれませんが，それでは「ゆるブラック企業(※)」と位置づけられてしまいます。

　以上のことから当該企業の解決すべき課題として

- 赤字体質からの脱却
- ゆるブラック企業からの脱却

が挙げられます。

(※)　ゆるブラック企業：ラクに働けるが人材自身の成長が見込めない企業

目的3：組織内のルール・仕組みづくり

　当該企業におけるルールや仕組みとしては，「今までのなんとなくの慣

習」からくる暗黙のルールや仕組み（“ルール”や“仕組み”とは言えないですが）が存在しているくらいでしょう。

「カンタンすぎる人事評価制度」の「評価表」を策定していく過程で，次のことが明確になります。

- 従業員が守るべきルール
- 従業員が運用する仕組み

これらの“ルール”や“仕組み”があるからこそ，社長や上司がこと細かに指揮命令をしなくてもスムーズな組織運営ができるのです。要は，“ルール”や“仕組み”とは，指揮命令のためのツールといえます。この「組織内のルール・仕組みづくり」も当該企業が人事評価制度を導入する目的となります。

それでは，実際に使用する「カンタンすぎる人事評価制度」の「評価項目のイメージ」と「評価表」をもとに各項目を策定していきましょう。

「カンタンすぎる人事評価表」のイメージ

自社の存在価値は何か　どのような人材が必要か　身につけるべき能力　評価項目　評価基準 100 / 評価項目 評価基準 100

3年後に会社をどのようにしておきたいのか　どのような人材が必要か　身につけるべき能力　評価項目 評価基準 100

カンタンすぎる人事評価表　社長・会社の理想とする人材　身につけるべき考え方　評価項目 評価基準 100

求める業務姿勢　評価項目 評価基準 100

会社が解決すべき課題　部署が解決すべき課題　課題解決のためにやるべきコト　評価項目 評価基準 100

人事評価表 （様式）

被評価者： ＿＿＿＿＿＿＿　評価日： 　年　　月　　日　評価者： ＿＿＿＿＿＿＿　承認者： ＿＿＿＿＿＿＿

会社名		部署名	

1　自社の存在価値は？　自社の品質とは？	

1-1　自社品質を実現させるために必要な人材はどのような人材か？

1-2　自社品質を実現させるために人材が身に付けるべき能力はどのような能力か？

1-3　その能力を身に付けるには……／その能力が発揮されると……：2つ

①評価項目	
①の評価基準	5点＝　　　，3点＝　　　，1点＝
②評価項目	
②の評価基準	5点＝　　　，3点＝　　　，1点＝

2　3年後に会社を 　　どのようにしておきたいか？	

2-1　そのためにはどのような人材が必要なのか？

2-2　その人材が身に付けるべき能力はどのような能力か？

2-3　その能力を身に付けるには……／その能力が発揮されると……：2つ

③評価項目	
③の評価基準	5点＝　　　，3点＝　　　，1点＝
④評価項目	
④の評価基準	5点＝　　　，3点＝　　　，1点＝

3　社長・会社の理想とする人材は？	

3-1　その人材が身に付けるべき考え方は？

3-2　その考え方を身に付けるには……／その考え方が発揮されると……：2つ

⑤評価項目	
⑤の評価基準	5点＝　　　，3点＝　　　，1点＝
⑥評価項目	
⑥の評価基準	5点＝　　　，3点＝　　　，1点＝

4　業務姿勢評価項目	
⑦評価項目	
⑦の評価基準	5点＝　　　，3点＝　　　，1点＝
⑧評価項目	
⑧の評価基準	5点＝　　　，3点＝　　　，1点＝

5　会社が解決すべき課題は？	

5-1　部署が解決すべき課題は？

5-2　部署の課題を解決するためにやるべきことを明確にする

5-3　"5-2"のやるべきことから個人目標を決定する

⑨評価項目	
⑨の評価基準	10点＝　　　，6点＝　　　，2点＝　　　，0点＝

評価項目と評価基準は，５つのアプローチから決定していき，全9項目とします。

自社の存在価値／自社の品質　評価項目	評価基準配点			
① 評価項目	5	3	1	
② 評価項目	5	3	1	
３年後に達成したい目的　評価項目	評価基準配点			
③ 評価項目	5	3	1	
④ 評価項目	5	3	1	
会社にとって必要な人材，社長が一緒に働きたい人材　評価項目	評価基準配点			
⑤ 評価項目	5	3	1	
⑥ 評価項目	5	3	1	
会社にとって人材に要求する業務姿勢　評価項目	評価基準配点			
⑦ 評価項目	5	3	1	
⑧ 評価項目	5	3	1	
会社にとって解決すべき課題から展開する個人目標　評価項目	評価基準配点			
⑨ 評価項目	10	6	2	0

合計点の最高は50点，最低は8点
　　総合評価：S＝42点以上
　　　　　　　A＝36点以上−42点未満
　　　　　　　B＝26点以上−36点未満
　　　　　　　C＝18点以上−26点未満
　　　　　　　D＝18点未満

①〜⑧項目	5点＝良い，　3点＝普通，　1点＝悪い
⑨項目	個人目標なので達成度による

①〜⑧項目の場合，5点は少し頑張って届く範囲となります。では，以下，「カンタンすぎる人事評価制度」の評価項目……いや，人材育成のための項目をまずは横断的に説明しましょう。

1　自社の存在価値／自社の品質　評価項目

⚠　自社の存在価値とは何でしょうか？
　自社の品質とは何でしょうか？
⚠　「自社の存在価値」「自社の品質」を実現できる人材とはどのような人材でしょうか？

③ 「自社の存在価値」「自社の品質」を実現できる人材が身に付ける
べき技量・知識・能力・力量はどのようなことでしょうか？
④ 次のことを評価項目とする
- 人材が身に付けた技量・知識・能力・力量を発揮するとどのよう
な良いことが起きるのでしょうか？
- 人材が身に付けた技量・知識・能力・力量を発揮できないとどの
ような悪いことが起きるのでしょうか？
- その技量・知識・能力・力量を身に付けるためにはどうしたらよ
いのでしょうか？
⑤ "④"で設定した評価項目について評価基準を設定する。

2　3年後に達成したい目的　評価項目

① あなたの会社は3年後に具体的にどのような組織にしておきた
いのでしょうか？
② その「自社の3年後のあるべき姿」実現するためはどのような
人材が必要なのでしょうか？
③ 「自社の3年後のあるべき姿」を実現できる人材が身に付けるべ
き技量・知識・能力・力量はどのようなことでしょうか？
④ 次のことを評価項目とする
- 人材が身に付けた技量・知識・能力・力量を発揮するとどのよう
な良いことが起きるのでしょうか？
- 人材が身に付けた技量・知識・能力・力量を発揮できないとどの
ような悪いことが起きるのでしょうか？
- その技量・知識・能力・力量を身に付けるためにはどうしたらよ
いのでしょうか？
⑤ "④"で設定した評価項目について評価基準を設定する。

3　会社にとって必要な人材，社長が一緒に働きたい人材　評価項目

⚠　小規模企業は，社長次第です。その社長は，どのような人材と一緒に働きたいのでしょうか？　会社にとってどのような人材を必要としているのでしょうか？

⚠　会社にとって必要な人材・社長が一緒に働きたい人材はどのような考え方をするのでしょうか？

⚠　次のことを評価項目とする

- その考え方が発揮されるとどのような良いことが起きるのでしょうか？
- その考え方が発揮されないとどのような悪いことが起きるのでしょうか？
- その考え方を身に付けるためにはどうしたらよいのでしょうか？

⚠　"⚠"で設定した評価項目について評価基準を設定する。

4　会社として人材に要求する業務姿勢　評価項目

⚠　素晴らしい成果を出す人材や高い能力を保有している人材であっても会社・社長にとって譲れない業務姿勢はあるでしょうか？　それを指し示すための評価項目はどのようになりますか？

⚠　"⚠"で設定した評価項目について評価基準を設定する。

5　会社にとって解決すべき課題から展開する個人目標　評価項目

⚠　すべての組織において必ず「全社的に解決すべき課題」が存在します。その「全社的に解決すべき課題」は何ですか？

⚠　「全社的に解決すべき課題」を受けて「部署として解決すべき課題」は何ですか？

⚠　「部署として解決すべき課題」を解決するために「個人として何をすべき」ですか？

⚠　"⚠"の「個人として何をすべき」から「個人目標」を設定する。

⚠　"⚠"で設定した評価項目について評価基準を設定する。

「カンタンすぎる人事評価制度」の「評価表」は上記表の5つのアプローチから策定します。

7 「自社の存在価値／自社の品質」から導く評価項目の策定

(1) 「自社の存在価値／自社の品質」を明確にする

　この評価項目は，「カンタンすぎる人事評価制度」の肝と言える部分ですので，じっくり時間をかけて作りこんでください。ここを「えい！ヤー！」で作ってしまうと「人事評価表」全体の質が落ちます。

　第2章では，人事評価制度に込めるべき社長の3つの想いについて説明しました。改めて再掲します。

　その1：顧客への想い

　その2：人材への想い

　その3：会社への想い

　当評価項目は，このうち「顧客への想い」を色濃く反映した項目です。

　この「顧客への想い」が良いものでなく，邪な考え方をしているヒトは，当評価項目の策定はできないでしょう。仮にできたとしても役に立たない評価項目になる可能性が大きいです。例えば，「顧客は金づるだ」と思っている社長が導き出す「自社の存在価値／自社の品質」は……。考えたくもありません。そして，評価項目も邪悪な内容になるでしょう。

　小規模企業では社内で一番深い「顧客への想い」を持っているのは社長ですから，「カンタンすぎる人事評価制度」では，このことからも社長自らが「評価表」を策定する必要があるのです。

　私は，20年以上前からISO^{（※）}の審査活動を実施しており，現在でもISO 9001，ISO 14001を始めISO 22000，ISO 39001及びISO 45001の主任審査員として，さまざまな規模・業種の企業に対して延べ1,300回以上の審査を実施してきました。そのおかげで審査先企業の業種，そこで働く方の職種について深く携わることができ，人事評価制度の指導はもちろん，

「カンタンすぎる人事評価制度」の開発の礎となっています。

　ISOの中でも特にISO 9001（QMS：品質マネジメントシステム）は，顧客満足向上を目指している経営の仕組みであるため，私が担当するISO 9001の審査における経営トップインタビュー（経営トップ＝通常は社長）の場では必ず「御社の品質は何ですか？」もしくは「御社の存在価値はどのようなことですか？」と質問します。

（※）　ISO 14001=環境マネジメントシステム，ISO 22000=食品安全マネジメントシステム，ISO 39001=道路交通安全マネジメントシステム，ISO 45001=労働安全衛生マネジメントシステム

　この「御社の品質は何ですか？」という質問を言い換えると「御社はお客様にどのような高品質の製品やサービスを提供しているのですか？」という意味であり，例えば工務店の品質としては，

- 暮らしやすい家であること
- 適正価格であること
- 工期遅延がないこと
- 設計図面どおりの施工であること
- 事故がないこと（安全施工であること）

などが挙げられ，これらを実現する仕組みがISO 9001（品質マネジメントシステム）であり，審査においては，これらの仕組みの構築状況や運用状況を確認することになるのです。

　そして，「御社の存在価値はどのようなことですか？」という質問は，"御社の品質"よりもさらに踏み込み，「御社のお客様にとっての真の存在価値はどのようなことですか？」という意味なのです。工務店のお客様にとっての存在価値としては，

- 施主様の暮らす幸せ・生きる幸せを提供する
- 施主様の潜在的ニーズ・真のニーズを反映した家を実現する
- 施主様が心安らげる場所を提供する

などでしょうか。

私も人事制度・人事評価制度に携わり27年超になりますが，「カンタンすぎる人事評価制度」を開発するまでは，"自社の存在価値"というお客様目線から評価項目や評価基準を策定することは思いもつきませんでした。

　しかし，いざ，この着眼点から評価項目を策定してみると人事評価制度においてもこの"お客様目線"が非常に重要であることが認識でき，これもISO審査を実施してきた成果の1つと感じています。

　事例のあおい工務店株式会社における「自社の存在価値／自社の品質」を，

「家族が集い・安らげ・帰る場所」を提供する

としました。

　ちなみにこれは，会社全体の「自社の存在価値／自社の品質」ですからどの部署においても同一です。

1　自社の品質は何か？　自社の存在価値は？	「家族が集い・安らげ・帰る場所」を提供する

⑵　「自社の存在価値／自社の品質」を実現するために必要な人材像を明確にする

　次に「自社の存在価値／自社の品質」である「家族が集い・安らげ・帰る場所」を実現させるために必要な人材とはどのような人材であるのかを部署ごとに明確にします。当事例では，設計部の「評価表」作成事例ですから，会社が「家族が集い・安らげ・帰る場所」を実現させるために設計部として必要な人材を明確にすることになります。

　では，地場の工務店の設計部において「家族が集い・安らげ・帰る場所」を提供するためにはどのような人材が必要なのか。

- 家族が集う場所とはどのような場所なのか？
- 安らげる場所とはどのような場所なのか？
- 帰る場所とはどのような場所なのか？

施主から以上のことを訊き出し，明確にすることが必要です。このことから「自社の存在価値／自社の品質」を実現するために必要な人材像として，

施主様の潜在的ニーズ（必要性）・ウォンツ（欲求）を

引き出すことができる人材

と設定してみました。

1 - 1　自社品質を実現させるために必要な人材はどのような人材か？
施主様の潜在的なニーズ（必要性）・ウォンツ（欲求）を引き出すことができる人材

(3)　「自社の存在価値／自社の品質」を実現させるために人材が身に付けるべき能力を明確にする

「自社の存在価値／自社の品質」を実現するために必要な人材像である「施主様の潜在的ニーズ（必要性）・ウォンツ（欲求）を引き出すことができる人材」が身に付けるべき能力を明確にします。

施主の潜在的ニーズやウォンツを引き出すためにはどのような能力を身に付けなければならないのでしょうか。当事例では，

施主様の潜在的ニーズ・ウォンツを引き出すヒアリング能力

と設定してみました。

1 - 2　自社品質を実現させるために人材が身に付けるべき能力はどのような能力か？
施主様の潜在的なニーズ・ウォンツを引き出すヒアリング能力

(4)　評価項目と評価基準を決定する

さて，ここで「自社の存在価値／自社の品質の評価項目」を策定することになります。

では，評価項目の策定方法を説明します。

前述の**人材が身に付けなければならない能力が発揮されるとどのような良いことがあるのでしょうか？　また，その能力が発揮されないとどのような悪いことがあるのでしょうか？**　これらが評価項目となります。

別の方法として人材が身に付けなければならない能力を身に付けるため

の活動について評価項目としてもよいでしょう。

　次に評価基準を決定します。この評価基準は，評価項目ごとに決定してください。

　ここで，あおい工務店株式会社の「評価表」策定事例に戻りましょう。

　事例の人材が身に付けるべき能力である"施主様の潜在ニーズ・ウォンツを引き出すヒアリング能力"が発揮されるとどのような良いことがあるのでしょうか？　これこそが評価項目であり，評価項目に対して評価基準も決定しましょう。

　家の設計に限らず，顧客（見込み客）からの要求が明確になっていない場合や実在していない商品・サービスの場合，いかに顧客の立場に立ち，寄り添うことができるのかで，顧客の心の中を表現できる可能性が格段に変わってきます。

　つまり，顧客自身が「自分はこうしたい」「私が求めているものはコレ」と明確になっている場合はよいのですが，顧客自身も気づいていない，いわゆる「潜在的なニーズ」の場合，聞き役である者が上手く引き出していく能力が必要なのです。

　家づくりの場合，最終的には商品は形になりますが，相談段階や契約段階では形になっておりません（ちなみにパソコンソフトなどは納品時にも形になりません）。他にも結婚式・披露宴の演出や，ホテルにおけるゲストへのサービス，私のようにコンサルティング商品も形がないのであらかじめニーズ・ウォンツを引き出すヒアリング能力が重要といえましょう。

　事例では，この能力が発揮されることにより「提案図面」の作成回数が削減されることに着目した結果，次のようにしました。

評価項目	「提案図面」の平均作成回数
評価基準	5点＝4回以内，　3点＝5回から8回，　1点＝9回以上

「自社の存在価値／自社の品質」から導くもう1つの評価項目と評価基準も考えてみましょう。

ここでは，"施主様の潜在ニーズ・ウォンツを引き出すヒアリング能力"を身に付けるためにどのような活動をすべきなのかに着目してみました。

その結果，以下のようにまさにプロセス評価項目となりました。

プロセス評価項目は，努力を評価することになり，かつ，成果に至るプロセスを標準化するうえでも重要です。

評価項目	お客様の「潜在ニーズ・ウォンツ」を引き出すためのメソッドを学習する
評価基準	学習後レポートを：5点=毎月提出し検証をすべてクリアする，3点=毎月提出し検証を半数以上クリアする，1点=1回でもレポートが期限までに未提出

以上で，「自社の存在価値／自社の品質」の評価項目と評価基準が策定できました。以下，当該評価項目と評価基準の「評価表」を掲載します。

1　自社の品質は何か？　自社の存在価値は？	「家族が集い・安らげ・帰る場所」を提供する
1-1　自社品質を実現させるために必要な人材はどのような人材か？	
施主様の潜在的なニーズ（必要性）・ウォンツ（欲求）を引き出すことができる人材	
1-2　自社品質を実現させるために人材が身に付けるべき能力はどのような能力か？	
施主様の潜在的なニーズ・ウォンツを引き出すヒアリング能力	
1-3　その能力を身に付けるには……／その能力が発揮されると……：2つ	
①評価項目	「提案図面」の平均作成回数
①の評価基準	5点=4回以内，3点=5回から8回，1点=9回以上
②評価項目	お客様の「潜在ニーズ・ウォンツ」を引き出すためのメソッドを学習する
②の評価基準	学習後レポートを：5点=毎月提出し検証をすべてクリアする，3点=毎月提出し検証を半数以上クリアする，1点=レポートを1回でも期限までに未提出

8 「3年後に達成したい目的」から導く評価項目の策定

(1) 「3年後に自社をどのようにしておきたいのか」を明確にする

この評価項目は，「自社への想い」を色濃く反映した項目です。

社長として3年後に自社をどのようにしておきたいのかを明確に決定

してください。ここでのポイントは，**具体的に明確にする**ことです。

　月に２，３回開催している「カンタンすぎる人事評価制度 導入セミナー」で「３年後の御社の立ち位置を明確にしてください」とお願いすると必ずと言ってよいほど，次のような回答を出される方がいらっしゃいます。

- 公平で客観的な人事評価制度を導入したい
- 従業員が活き活きと働ける会社にしたい

　これらは間違いではありませんが，人材育成や業績向上を実現させるための「カンタンすぎる人事評価制度」を策定するためには役不足です。

　この手の回答は，オーナー社長ではなく，総務責任者や雇われ社長の方が出す傾向があります。誤解があるといけませんので注釈しますが，総務責任者や雇われ社長がダメということではなく，公私の隔てなく万一の場合，私財を投げうつ覚悟があるオーナー社長とは異なり，おのずと自社に対する思い入れが異なるためフワッとした聴こえの良い３年後の自社の立ち位置を回答してしまうのです。

　では，３年後の自社の立ち位置として相応しいのはどのようなことでしょうか。これには，ズバリ正解はありませんが，イメージしやすく実現の可能性があることが重要です。例えば，

- 経常利益を20,000千円にする
- 従業員数を1.5倍の27人にする
- ２つ支店を増やす

などの具体的で達成度判定可能なことが必要です。

　３年後に達成すべきことが具体的であればあるほど，実現するために，いつ，だれが，どのようなことを行えばよいのかが明確になります。特に"だれ"からは，３年後の自社の立ち位置を実現するためにどのような人材が必要なのかがイメージでき，"どのようなことを行う"からは，評価項目をイメージできるようになります。

　事例のあおい工務店株式会社における「３年後に達成したい目的」を

- **当社で建てていただいたオーナーに100％満足していただく**

・経常利益40,000千円

の2つとしました。

ちなみにこれは，会社全体の「3年後に達成したい目的」ですからどの部署においても同一です。

2　3年後に会社を どのようにしておきたいか？	・当社で建てていただいたオーナーに100％ 満足していただく ・3年後に経常利益40,000千円

(2)　「3年後に達成したい目的」を実現するために必要な人材像を明確にする

次に「3年後に達成したい目的」である「当社で建てていただいたオーナーに100％満足していただく／経常利益40,000千円」を実現させるために必要な人材とはどのような人材であるのかを部署ごとに明確にします。

当時例では，設計部の「評価表」作成事例ですから，会社が「3年後に達成したい目的」である「当社で建てていただいたオーナーに100％満足していただく／経常利益40,000千円」を実現させるために設計部として必要な人材を明確にすることになります。

では，地場の工務店の設計部において「3年後に達成したい目的」である「当社で建てていただいたオーナーに100％満足していただく／経常利益40,000千円」を提供するためにはどのような人材が必要でしょうか。

・建てていただいたオーナーに100％満足していただくためにどのようなことが必要なのか？

・経常利益40,000千円を実現するために必要なことは何か？

これらを明確にしていかなくてはなりません。特に経常利益40,000千円を実現するために必要なことを明確にするには社長の着眼点が必要なことは言うまでもありません。以上を鑑み「3年後に達成したい目的」を実現するために必要な人材像として

見込み客様・施主様及び他部署と契約前〜契約後に継続的に
良好なコミュニケーションが取れる人材

と設定してみました。

2-1　そのためにはどのような人材が必要なのか？
見込み客様・施主様及び他部署と契約前～契約後に継続的に良好なコミュニケーションが取れる人材

(3) 「3年後に達成したい目的」を実現させるために人材が身に付けるべき能力を明確にする

　「3年後に達成したい目的」を実現するために必要な人材像である「見込み客様・施主様及び他部署と契約前～契約後に継続的に良好なコミュニケーションが取れる人材」が身に付けるべき能力を明確にします。

　見込み客や施主及び社内の他部署とすべての期間において良好なコミュニケーションを取るためにはどのような能力を身に付けなければならないのでしょうか。当時例では，

　　コミュニケーション能力及びコミュニケーションツールの活用能力

と設定してみました。

2-2　その人材が身に付けるべき能力はどのような能力か？
コミュニケーション能力及びコミュニケーションツール活用能力

(4) 評価項目と評価基準を決定する

　「3年後に達成したい目的の評価項目」を策定することになります。

　「カンタンすぎる人事評価制度」における評価項目の策定方法は説明済みですが，非常に重要なので再掲します。

　前述の**人材が身に付けなければならない能力が発揮されるとどのような良いことがあるのでしょうか？　また，その能力が発揮されないとどのような悪いことがあるのでしょうか？**　これらが評価項目となります。

　別の方法として人材が身に付けなければならない能力を身に付けるための活動について評価項目としてもよいでしょう。

　次に評価基準を決定します。

　この評価基準は，評価項目が100あれば評価基準も100あることと理解

してください。一般的な多くの人事評価制度の欠点として，さまざまな評価項目があるにもかかわらず評価基準が同一であることは説明済みですね。

では，事例のあおい工務店株式会社の「評価表」策定事例の場合，人材が身に付けるべき能力である“コミュニケーション能力及びコミュニケーションツールの活用能力”が発揮されるとどのような良いことがあるのでしょうか？

事例では，この能力が発揮されることにより施主が喜び，顧客満足が向上すると定義した結果，顧客満足調査結果を評価項目としました。そして，評価基準も決定しました。

評価項目	施主様の立場に立ち設計業務・企画ができる→ 顧客アンケート結果の年間平均点数
評価基準	5点=9.1点以上，　3点=8.5点以上9.1点未満，　1点=8.5点以上

もう1つの評価項目と評価基準も考えましょう。

ここでは，“コミュニケーション能力及びコミュニケーションツールの活用能力”が発揮されないとどのような悪いことが起きるのかに着目しました。

「カンタンすぎる人事評価制度」の場合，なるべくプラスの正しい成果やプロセスを評価対象とすべきとの想いがありますが固執するわけではありませんのでマイナスの悪い成果に着目してもよいのです。

事例のあおい工務店株式会社では，その結果，以下の評価項目及び評価基準としました。

評価項目	施工担当への金銭がらみの仕様変更の伝え漏れ（年間）
評価基準	5点=なし，　3点=1〜2件，　1点=3件以上

以上で，「3年後に達成したい目的」の評価項目と評価基準が策定できました。以下，当該評価項目と評価基準の「評価表」を掲載します。

2　3年後に会社を 　どのようにしておきたいか？	・当社で建てていただいたオーナーに100% 　満足していただく ・3年後に経常利益40,000千円

2-1　そのためにはどのような人材が必要なのか？
見込み客様・施主様及び他部署と契約前〜契約後に継続的に良好なコミュニケーションが取れる人材
2-2　その人材が身に付けるべき能力はどのような能力か？
コミュニケーション能力及びコミュニケーションツール活用能力
2-3　その能力を身に付けるには……／その能力が発揮されると……：2つ

③評価項目	施主様の立場に立ち設計業務・企画ができる：顧客アンケート結果の年間平均点数
③の評価基準	5点＝9.1点以上，　3点＝8.5点以上9.1点未満，　1点＝8.5点未満
④評価項目	施工担当への金銭がらみの仕様変更の伝え漏れ（年間）
④の評価基準	5点＝なし，　3点＝1〜2件，　1点＝3件以上

9 「会社にとって必要な人材，社長が一緒に働きたい人材」から導く評価項目の策定

(1)　「会社・社長にとって必要な人材」を明確にする

　この評価項目は，「人材への想い」を色濃く反映した項目です。

　小規模企業は，「社長＝企業」です。社長次第でどのようにでもなってしまいます。社長が前向きでなければ組織自体がネガティブな雰囲気になってしまいますので，社長自身が一緒に気持ちよく働ける社長の経営方針に共感してくれる人材を側に置いておきたいし育成したいものです。逆にあえて社長と正反対の考えを持ち，社長に具申してくる人材も必要かもしれません。以上のことから社長として次のことを明確にしてください。

- ・自分はどのような人材と一緒に働きたいのか？
- ・自分の至らない箇所を補ってくれる人材とはどのような人材か？
- ・自分の理想の人材とは？
- ・自分が一緒にいて気分が上がる人材とは？

　また，「社長にとって必要な人材」という着眼点からもう少し客観性を持たせ，「会社にとって必要な人材」という着眼点から次のことを明確にしてください。

- 会社のルールづくりに必要な人材とは？
- 社長が不在でも組織運営できる人材とは？
- 0（ゼロ）から1が創れる人材とは？
- 組織をスムーズに運営するための人材とは？
- 縁の下の力持ち的な人材とは？

　ここで注意点。この「会社・社長にとって必要な人材」とは，「評価表」を策定する部署や等級（職能資格等級がある場合）により人材像が異なります。例えば，研究・開発の部署では「独創的な考え方ができる人材」が求められますが，出荷検査を担っている部署では「ルール通りの作業ができる人材」が求められるでしょう（例外はありますが）。

　事例のあおい工務店株式会社における「会社・社長にとって必要な人材」を，

コスト意識を持ち，自ら考え行動できる人材

としました。これは，前述のとおり部署により異なりますので設計部における社長の理想の人材と捉えてください。

3　社長・会社の理想とする人材は？	コスト意識を持ち，自ら考え行動できる人材

(2) 「会社・社長にとって必要な人材」が身に付けるべき考え方を明確にする

　次に「会社・社長にとって必要な人材」である「コスト意識を持ち，自ら考え行動できる人材」は，どのような考え方を身に付けるべきなのでしょうか？

　このアプローチは，社長の独断で決定してもよいです。前述のとおり小規模企業は，「社長＝企業」ですから，社長が働きやすい環境を整えるべきなのです。ですから，多少の社長のわがままを反映した「評価項目」を策定しても問題ないのです。ただ，前提として「正しい行いを実践し，『顧客への想い』『人材への想い』『会社への想い』がある社長であることが必要です。

私も起業して30年超の期間，数えきれないくらいの中小企業の社長と
さまざまなお話をさせていただいてきましたが，中小企業の社長の中には，
決して褒められない考えや行動をされている社長さんも散見されます。

例えば，以下のように，

- 顧客は金づるだと思っている
- 従業員を単なるコマだと思っている
- 会社は自分が儲けるためのツールだと思っている
- 残業代を支払う必要がないと思っている
- 会社の中では自分が一番正しいと思っている

などなど。

このようないわゆるブラック社長が独断で「社長の理想の人材」を決定
するとトンデモナイ「評価表」が出来上がってしまいます。

ただご安心ください。人事評価制度に興味を持たれる社長でブラック社
長は稀ですので当項のような評価項目策定のアプローチが可能なのです。

あおい工務店株式会社の事例として「コスト意識を持ち，自ら考え行動
できる人材」が身に付けるべき考え方として以下を設定しました。

日々の業務について「社長の想い」を「自分ごと」として捉える考え方

3-1　その人材が身に付けるべき考え方は？
日々の業務について「社長の想い」を「自分ごと」として捉える考え方

(3)　評価項目と評価基準を決定する

「会社にとって必要な人材，社長が一緒に働きたい人材の評価項目」を
策定することになります。

**人材が身に付けなければならない考え方が発揮されるとどのような良い
ことがあるのでしょうか？**　また，**その考え方が発揮されないとどのよう
な悪いことがあるのでしょうか？**　繰り返しますが，これらが評価項目と
なります。

次に評価基準を決定します。事例のあおい工務店株式会社の「評価表」

策定事例の場合，人材が身に付けるべき考え方である"日々の業務について「社長の想い」を「自分ごと」として捉える考え方"が発揮されるとどのような良いことがあるのでしょうか？

　事例では，この考え方が発揮されることで，施主がどのような行動をしてくれるのか，施主にどのようなことが依頼しやすくなるのかを考えた結果，OB顧客からの紹介件数と完成見学会について評価項目としました。

評価項目	OB顧客からの年間紹介件数（あくまで紹介であり，契約に至らなくても可とする）
評価基準	5点＝2件以上，3点＝1件，1点＝なし
評価項目	完成見学会の打診及び開催（年間）
評価基準	5点＝全施主へ打診し2件開催，3点＝全施主へ打診し1件開催，1点＝開催なし

　以上で，「会社にとって必要な人材，社長が一緒に働きたい人材」の評価項目と評価基準が策定できました。以下，当該評価項目と評価基準の「評価表」を掲載します。

3　社長・会社の理想とする人材は？	コスト意識を持ち，自ら考え行動できる人材
3-1　その人材が身に付けるべき考え方は？	
日々の業務について「社長の想い」を「自分ごと」として捉える考え方	
3-2　その考え方を身に付けるには……／その考え方が発揮されると……：2つ	
⑤評価項目	OB顧客からの年間紹介件数（あくまで紹介であり，契約に至らなくても可とする）
⑤の評価基準	5点＝2件以上，3点＝1件，1点＝なし
⑥評価項目	完成見学会の打診及び開催（年間）
⑥の評価基準	5点＝全施主へ打診し2件開催，3点＝全施主へ打診し1件開催，1点＝全施主へ打診し開催なし

10 「会社にとって人材に要求する業務姿勢」から導く評価項目の策定

○ 「業務姿勢」を明確にする

業務姿勢をわかりやすく言い換えると勤務態度です。

勤務態度と表現すると「あいさつ」「遅刻」などのできていて当たり前のことが評価対象となってしまうのでは？との想いから，前向きな勤務態度を連想させる「業務姿勢」という表現にさせていただきました。

　ただ，「あいさつができない人材が多い」「遅刻してくる人材がいる」などの企業は評価項目に「あいさつができる」や「遅刻しない」を入れていただくことは問題ありません（遅刻の場合，二重懲戒に注意）。

　以前，「カンタンすぎる人事評価制度」の引き合いがあった企業さんから相談を受けた際，**「無断欠勤する人材がいる」「気に入らないことがあると仕事を放り出して帰る人材がいる」**などの実態を伺った際は，**御社は未だ人事評価制度を導入する時期ではないのでしょうか。人事評価制度を導入することよりも社会通念上許されない振る舞いは行わない組織風土を定着させることが先決だと思います」**と申し上げましたが，今考えると人事評価制度で組織風土を改善すること自体難しいことではないでしょう。

　読者の方が所属する企業の組織風土により，当評価項目のレベルを設定していただければと思います。

　ただ，「業務姿勢評価項目」の基本的な考え方として，入社1年目の人材も入社20年目の人材も最高点である5点を獲得できる機会が同一である評価項目と評価基準が望ましいでしょう（特に"勤務態度"と捉えた場合）。

　例えば，「『業務日報』を毎日記載する」という評価項目の場合，だれでも最高点である5点を獲得できるのです。逆にこのような評価項目はベテラン人材ほどできていないことが多いので，初心に返る意味を込め設定してもよいでしょう。

　「カンタンすぎる人事評価制度」の開発者である私としては，前向きな学ぶ姿勢や自己を高める姿勢に着目して評価項目を策定していただきたい想いがありますが，可能な限りで構いません。あくまで現状の組織風土を優先してください。

　また，「業務姿勢評価項目」は，「成果さえ出していれば問題ないでしょ」という少々身勝手な人材をけん制するための評価項目としても活用できます。例えば，朝礼には全員が参加するルールであるにもかかわらず，営業成績が良いことを盾に朝礼に参加しない人材に対して，朝礼への参加を業務姿勢評価項目として設定することは可能でしょう。

　事例のあおい工務店株式会社では次のように設定してみました。

評価項目	仕事を依頼されたときに快く引き受けることができる
評価基準	5点＝常に快く引き受ける，　3点＝快く引き受けられないときがある，1点＝快く引き受けないときが多い
評価項目	「業務日報」の徹底活用（年間を通じて）
評価基準	5点＝毎日全項目記載，　3点＝一部記載漏れあり，1点＝未使用や記載漏れが散見される

　この「評価基準」を見て気づかれた方もいらっしゃると思いますが，当評価項目以外の「自社の存在価値／自社の品質評価項目」「3年後に達成したい目的評価項目」「会社にとって必要な人材，社長が一緒に働きたい人材評価項目」の全6項目はすべて数値化してありましたのでデータさえあれば小学生でも評価可能でした。

　しかし，当評価項目は2つとも数値化ではないですね。例えば「業務日報」の徹底活用についての以下の「評価基準」です。

- 5点＝毎日全項目記載
- 3点＝一部記載漏れあり
- 1点＝未使用や記載漏れが散見される

数値化されていないこの「評価基準」で測れるのでしょうか？

　測れます！　評価できますね。このように数値化できなくても測ることができればよいのです。ただ，「評価基準」が4段階や5段階の場合，測ることが難しくなります。3段階だから測れるのです。

　これが，「カンタンすぎる人事評価制度」の「評価基準」は，最後の

「会社にとって解決すべき課題から展開する個人目標評価項目」以外の8項目が3段階評価である所以なのです。

　以上で，「会社にとって人材に要求する業務姿勢」の評価項目と評価基準が策定できました。以下，当該評価項目と評価基準の「評価表」を掲載します。

4　業務姿勢評価項目	
⑦評価項目	仕事を依頼されたときに笑顔で引き受けることができる
⑦の評価基準	5点＝常に快く引き受ける，3点＝快く引き受けられないときがある，1点＝快く引き受けないときが多い
⑧評価項目	「業務日報」の徹底活用（年間を通じて）
⑧の評価基準	5点＝毎日全項目記載，3点＝一部記載漏れあり，1点＝未使用や記載漏れが散見される

11 「会社にとって解決すべき課題から展開する個人目標」から導く評価項目の策定

(1) 「会社が解決すべき課題」を明確にする

　現在，審査対応のマネジメントシステム規格のすべてが，「自社の解決すべき課題」を明確にしていくアプローチが取られています。

　人事評価制度においても「自社の解決すべき課題」を明確にしたうえで「個人目標」に展開し，「評価項目」とすることで経営改善に寄与する人事評価制度となります。

　私自身，膨大な数の社長に「御社の解決すべき課題は何ですか？」と質問してきましたが，若干ではありますが，「課題が見当たらない」「課題が思いつかない」という社長が存在します。

　企業を経営していて課題がないとは，あのトヨタ自動車もSONYもありえないのですが。そこで，課題を導き出すために話をしてみると，「あっ，これがわが社の課題ですね」と気づかれる社長さんが多いのです。

　「カンタンすぎる人事評価制度」の「評価表」作成の5つ目のアプローチ

は「自社の解決すべき課題」を明確にしたうえで「個人目標」に展開します。

「個人目標」とは，各人材が勝手に決めるものではなく，「会社の方針」なり「会社目標」「部門目標」から展開すべきです。ですから当人事評価制度の当評価項目についても「会社目標」から展開してもよいのですが，企業によっては「会社方針」「会社目標」が明確に決まっていない場合や，決まっていたとしても具体的にイメージできない場合が非常に多いことを中小企業の経営に30年以上係わってきて痛感しています。

であれば，社長にとって速やかに作成できない「会社方針」「会社目標」よりも，「解決すべき課題」のほうが答えやすくなります。前述の「課題が見当たらない」「課題が思いつかない」と言われる社長であっても，少し話をすれば「解決すべき課題」はいくらでも溢れ出てきます。

事例のあおい工務店株式会社における「会社が解決すべき課題」は，

赤字体質に慣れ切った組織風土の改善・改革

としました。

ちなみにこれは，会社全体の「解決すべき課題」ですからどの部署においても同一です。

5　会社が解決すべき課題は？	赤字体質に慣れ切った組織風土の改善・改革

⑵　「会社が解決すべき課題」を解決するために「部署が解決すべき課題」を明確にする

次に「会社が解決すべき課題」を解決するために「部署として解決すべき課題」を明確にします。

各部署が協力し合い全社的な課題である「会社が解決すべき課題」について，自部署として何をすべきなのかを考慮して決定します。

あおい工務店株式会社の事例では，

保有している顧客情報を積極活用しマーケティングに活かす

と設定してみました。

5-1　部署が解決すべき課題は？	保有している顧客情報を積極活用しマーケ ティングに活かす

(3) 「部署が解決すべき課題」を解決するために個人としてやるべきことを明確にする

　「部署として解決すべき課題」を解決するために人材はどのような行動を起こさなくてはならないのでしょうか？

　これは，「部署が解決すべき課題」を意識することはもちろんですが，同時に「会社が解決すべき課題」も意識したうえで明確にしてください。

　あおい工務店株式会社の事例では，ぬるま湯体質が問題になっているのですから，何が何でもやり遂げるという意識を強く持っていただくために次のように設定しました。

明確な目標を設定し何が何でも達成する

5-2　部署の課題を解決するために個人としてやるべきことを明確にする
明確な目標を策定し何が何でも達成する

(4) 評価項目と評価基準を決定する

　「会社が解決すべき課題」「部署が解決すべき課題」「個人としてやるべきこと」を根拠に達成度可能な「個人目標」を決定します。

　ただ，この「個人目標」は，今まで「個人目標」など立案したことがない人材にいきなり「個人目標を決定してください」と依頼したところで決定しきれない場合が非常に多い。仮に決定したとして次のような「個人目標」が乱立する結果となる可能性が非常に高いです。

- すでに達成している目標
- 達成が非常に楽な目標／達成が非常に困難な目標
- 達成度判定が不可能な目標
- スローガン的なあいまいな目標
- ただ「頑張ります！」目標　　　　　　　　　　　　　　　　　　　　　　　　　　　　など など。

このことからも初年度は上司が人材（部下）の目標を決定すべきです。ただ、「名ばかり上司」のごとく上司自身が目標を決定できない場合もあり得ますので、その場合は社長が部長や課長の目標を決定するのではなく、方針管理、目標管理及び目標の決定方法などをレクチャーする必要があるでしょう（「与える」のではなく、「やり方」を教える）。

また、各人材が目標を設定した場合に必ず実施すべきは上司（社長）によるレベリングです。レベリングとは、人材により「個人目標」の難易度を揃えてあげることです。このレベリングを実施することにより目標達成のいわゆる不公平感がなくなります。

あおい工務店株式会社の事例では、次のように決定しました。

評価項目 （個人目標）	自身が設計担当した物件の年間完成工事高 （設計完了ベース）：105,000千円
評価基準 （達成率）	達成率：10点＝100％，　6点＝90％以上100％未満， 2点＝80％以上90％未満，　0点＝80％未満

この「会社にとって解決すべき課題から展開する個人目標から導く評価項目」だけ3段階（5点、3点、1点）ではなく、4段階で評価します。

「評価基準」を数値化しない場合でも3段階であれば測れることはすでにお伝えしましたが、当評価項目のように4段階の場合は、極力数値化することが必要です。最低でも「達成度判定可能な個人目標」であることは必須です。

以下、当該評価項目と評価基準の「評価表」を掲載します。

5　　会社が解決すべき課題は？	赤字体質に慣れ切った組織風土の改善・改革
5-1　　部署が解決すべき課題は？	保有している顧客情報を積極活用しマーケティングに活かす
5-2　　部署の課題を解決するために個人としてやるべきことを明確にする	
明確な目標を策定し何が何でも達成する	
5-3　　"5-2"のやるべきことから個人目標を決定する	
⑨評価項目	自身が設計担当した物件の完成工事高（年間：設計完了ベース）105,000千円
⑨の評価基準	達成率：10点＝100％，　6点＝90％以上100％未満， 2点＝80％以上90％未満，　0点＝80％未満

以上で「カンタンすぎる人事評価制度」の「評価表」の具体的作成方法は終わりです。

　実際に「評価表」を作成しだすと迷うこと，不明なことがたくさん出てきますがオーナー社長であるあなたや“オーナー社長マインド”を持っているあなたであれば乗り越えられるはずです。どうしても解決できない場合は，私にメールにてご相談いただければと思います。

　次ページにあおい工務店株式会社の設計部の「評価表」（見本）を掲載します。

12　全社的に「人事評価制度説明会」を開催する

　最後に，「カンタンすぎる人事評価制度」が完成しましたら，全社的に対象人材向けに「人事評価制度説明会」を開催し，仕組みを説明しましょう。

人事評価表

被評価者：　　　　　評価日：　年　月　日　評価者：　　　　　承認者：　

会社名	あおい工務店株式会社		部署名	設計部

1	自社の品質は何か？　自社の存在価値は？	「家族が集い・安らげ・帰る場所」を提供する

1-1　自社品質を実現させるために必要な人材はどのような人材か？

施主様の潜在的なニーズ（必要性）・ウォンツ（欲求）を引き出すことができる人材

1-2　自社品質を実現させるために人材が身に付けるべき能力はどのような能力か？

施主様の潜在的なニーズ・ウォンツを引き出すヒアリング能力

1-3　その能力を身に付けるには……／その能力が発揮されると……：2つ

①評価項目	『提案図面』の平均作成回数
①の評価基準	5点＝4回以内，3点＝5回から8回，1点＝9回以上
②評価項目	お客様の『潜在ニーズ・ウォンツ』を引き出すためのメソッドを学習する
②の評価基準	学習後レポートを：5点＝毎月提出し検証をすべてクリアする，3点＝毎月提出し検証を半数以上クリアする，1点＝レポートを1回でも期限までに未提出

2　　3年後に会社をどのようにしておきたいか？	・当社で建てていただいたオーナーに100%満足していただく ・3年後に経常利益40,000千円

2-1　そのためにはどのような人材が必要なのか？

見込み客様・施主様及び他部署と契約前～契約後に継続的に良好なコミュニケーションが取れる人材

2-2　その人材が身に付けるべき能力はどのような能力か？

コミュニケーション能力及びコミュニケーションツール活用能力

2-3　その能力を身に付けるには……／その能力が発揮されると……：2つ

③評価項目	施主様の立場に立ち設計業務・企画ができる：顧客アンケート結果の年間平均点数
③の評価基準	5点＝9.1点以上，3点＝8.5点以上9.1点未満，1点＝8.5点未満
④評価項目	施工担当への金銭がらみの仕様変更の伝え漏れ（年間）
④の評価基準	5点＝なし，3点＝1～2件，1点＝3件以上

3　社長・会社の理想とする人材は？	コスト意識を持ち，自ら考え行動できる人材

3-1　その人材が身に付けるべき考え方は？

日々の業務について「社長の想い」を「自分ごと」として捉える考え方

3-2　その考え方を身に付けるには……／その考え方が発揮されると……：2つ

⑤評価項目	OB顧客からの年間紹介件数（あくまで紹介であり，契約に至らなくても可とする）
⑤の評価基準	5点＝2件以上，3点＝1件，1点＝なし
⑥評価項目	完成見学会の打診及び開催（年間）
⑥の評価基準	5点＝全施主へ打診し2件開催，3点＝全施主へ打診し1件開催，1点＝開催なし

4　業務姿勢評価項目

⑦評価項目	仕事を依頼されたときに笑顔で引き受けることができる
⑦の評価基準	5点＝常に快く引き受ける，3点＝快く引き受けられないときがある，1点＝快く引き受けないときが多い
⑧評価項目	「業務日報」の徹底活用（年間を通じて）
⑧の評価基準	5点＝毎日全項目記載，3点＝一部記載漏れあり，1点＝未使用や記載漏れが散見される

5　会社が解決すべき課題は？	赤字体質に慣れ切った組織風土の改善・改革
5-1　部署が解決すべき課題は？	保有している顧客情報を積極活用しマーケティングに活かす

5-2　部署の課題を解決するために個人としてやるべきことを明確にする

明確な目標を策定し何が何でも達成する

5-3　"5-2"のやるべきことから個人目標を決定する

⑨評価項目	自身が設計担当した物件の完成工事高（年間：設計完了ベース）105,000千円
⑨の評価基準	達成率：10点＝100%，6点＝90%以上100%未満， 2点＝80%以上90%未満，0点＝80%未満

第5章

「カンタンすぎる人事評価制度」を運用して人材育成を成し遂げ，業績向上を実現する

1 小学生でも評価可能な「カンタンすぎる人事評価制度」が運用できない会社とは？

「カンタンすぎる人事評価制度」は，評価基準が明確でデータさえあれば小学生でも評価可能です。仕組みも至ってシンプル。ですが，運用できない組織があるのです。いや，これは「カンタンすぎる人事評価制度」あるいは，一般的な人事評価制度に限らず，次のようなコトです。

- 本を買ったけど1ページも読んでいないヒト
- パソコンを購入したが使用していない会社
- 高価な工事積算ソフトを購入したが使用していない建設業者
- 工作機械を購入したが活用できていない製造業者
- デジタコ(デジタルタコグラフ)を購入したが活用できていない運送業者

ここまでひどくなくても，

- 多機能コピー複合機を購入したが複写機能しか使用していない
- Excel関数のうちsum関数しか使用していない
- さまざまなソフトや機械をデフォルト設定のまま使用している

などなど。「あるある」ではないですか？

確かに多機能コピー複合機は複写機能だけ使用できればよいかもしれませんし，Excel関数にしても必要がなければif関数など使わなくても大丈夫でしょう。しかし，人事評価制度は，目的があって導入したのですから，その目的を達成するために必ず活用すべきなのです。でもチョット待ってください。上記で運用できないことについて「カンタンすぎる人事評価制度」も一般的な人事評価制度も同じ意味で取り上げましたが，私がここで問題にしている"運用できない"とは次の意味なのです。

一般の人事評価制度が運用できないの意味	評価にも使われず，全く使われていない：作りっぱなしで放置の意味
カンタンすぎる人事評価制度が運用できないの意味	シンプルなので評価には使用しているが，人材育成ができていない

そうなんです。一般の人事評価制度が運用できていないとは，単に使われていないという意味ですが，「カンタンすぎる人事評価制度」が運用できていないとは，目的である人材育成ができていないという意味なのです。「カンタンすぎる人事評価制度」は思い切りシンプルで評価もしやすいので使われないことは稀でしょう。しかし，真の目的である，人材育成に活用されていないのであれば，非常に問題なのです。

「カンタンすぎる人事評価制度」にとって，人材の評価は人材育成がどこまでできたかの検証に過ぎないのです。

では，「カンタンすぎる人事評価制度」で人材育成が成し遂げられているということは端的に表現するとどのようなことなのか。それは，

人材が高評価を獲得すること

なのです。

せっかく「カンタンすぎる人事評価制度」を導入していただいても，人材が高評価を獲得できていないということであれば，人材育成が成し遂げられていないし，「カンタンすぎる人事評価制度」が活用されていないということなのです。

② 答えがわかっているテストでも高得点が取れない人材

「カンタンすぎる人事評価制度」は，評価期間の期首に「評価項目」も「評価基準」もフルオープンにする人事評価制度ですから，評価される側の人材からすると答えのわかっているテストを受けるのと同じことなのです。しかし，点数が取れない。

皆さんも学生の頃の受験や，社会人になってからの資格試験で「試験の解答がわかっていればいいなぁ」などと考えたことはありませんか？　ただ，もし，試験の解答がわかったとしてもその解答を暗記しなくてはなりませんね。その解答を暗記することすら面倒くさがるのであれば試験に合格することは無理でしょう。

「カンタンすぎる人事評価制度」を導入した組織の人材はそこまで横着

ではないのですが，なぜか高評価を獲得できる人材ばかりではない。

　なぜ，高評価が獲得できないのか？　それは，

忘れてしまうから

なのです。

　評価期間の期首に「評価項目」「評価期間」を発表されると，その場では，「そうか。これができれば高評価をもらえるんだ。頑張ろう」と思う人材も多いのですが，日々の業務に忙殺されてしまい忘れてしまうのです。そして，気が付くのは評価期間の期末1か月前。時すでに遅しですね。

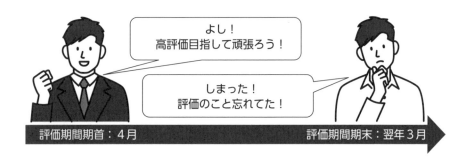

　では，どうしたら人材に忘れさせないことができるのか？　次項でみていきましょう。

③ 人材に高評価を獲得させるのはカンタン

　どうしたら人材に「カンタンすぎる人事評価制度」のことを忘れさせないようにできるのでしょうか。実は案外カンタンなのです。

管理してあげればよい

たったこれだけです。

　評価期間の期首に人材全員を集めて，「これが当社の人事評価制度です。何ができれば高評価が獲得でき，何ができなければ低評価になってしまうのかの評価項目も評価基準も明確ですから，まるで答えのわかっているテストを受けるようなものですね。ここに『評価表』を掲示していますので，

いつでも見て確認して1年後の3月には全員が高評価を獲得できること
を楽しみにしていますね！」と社長が伝えて1年間放置しておいて高評
価を獲得してくるのはせいぜい10〜20％くらいなのです。

　しかも，その高評価を獲得する10〜20％の人材は特に努力することな
く高評価を獲得してしまういわゆる「高評価が獲得できた」なのです。

　決して，高評価獲得を狙ってPDCAを廻した結果「高評価を獲得でき
る」のではないのです。

　では，人材に高評価を獲得してもらうためには"管理してあげればよい"
としましたが，具体的にどのように管理してあげればよいのでしょうか？
その具体的管理方法は次項以降に譲るとして最も簡単で手間がかからない
方法をまず説明しましょう。それは，あっけないほど簡単な次の2点です。

　A　人材に興味を持つ

　B　人材に声をかける

「たったそれだけですか？」と拍子抜けされそうですが，「カンタンすぎ
る人事評価制度」のように非常にシンプルな仕組みの場合，これだけでも
よいのです。では，それぞれ説明しましょう。

A　人材に興味を持つ

　働く人材にとって，働く先の経営トップや上司から自らの仕事ぶりに対
して興味を持たれることで嫌な気分になることは少ないでしょう。

　逆に全く興味を持たれないことで気分的にラクな場合もありますが，
少々寂しい気持ちもあるでしょう。

　では，社長や上司として人材に興味を持っていることをどのように表現
すればよいのでしょうか。それは，「人材が処理している仕事について話
題にする」「人材が出してきたアウトプットについてフィードバックする」
「単純に労う」などでしょうか。

　この"人材に興味を持つ"とは，人材のプライベートにまで踏み込んで
意見したり詮索したりすることではありません。どうも古いタイプの社長

や上司はこの傾向がありますので注意が必要です。

B　人材に声をかける

これは直球ですね。

何について声をかけるのかというと，「高評価獲得に向けて頑張っている？」と声がけするのです。これだけです。ただし，この方法は評価期間開始後半年くらいまでが有効です。半年を過ぎ９か月を超えてくると高評価獲得に向けて上手く行っていない人材の場合，大きなプレッシャーになるので気を付けましょう。

以上のあっけないほどカンタンな方法で，放置しておいた場合と比較して約２倍の人材が高評価を獲得できます。２倍というと20〜40％の人材です（40％は少し難しいかも）。でも，まだまだ足りません。ぜひ，次項の方法で80〜90％の人材に高評価を獲得してもらいましょう。

④　人材に高評価を獲得させるためのしかけとは？

ここでは，人材に高評価を獲得してもらうためのしかけについて説明します。“しかけ”といっても非常にシンプルですのでだれでも運用できますから安心してください。

自社の存在価値／自社の品質　評価項目		評価基準配点			
①	評価項目	5	3	1	
②	評価項目	5	3	1	
3 年後に達成したい目的　評価項目		評価基準配点			
③	評価項目	5	3	1	
④	評価項目	5	3	1	
会社にとって必要な人材，社長が一緒に働きたい人材　評価項目		評価基準配点			
⑤	評価項目	5	3	1	
⑥	評価項目	5	3	1	
会社にとって人材に要求する業務姿勢　評価項目		評価基準配点			
⑦	評価項目	5	3	1	
⑧	評価項目	5	3	1	
会社にとって解決すべき課題から展開する個人目標　評価項目		評価基準配点			
⑨	評価項目	10	6	2	0

全9項目の最高点獲得を目指す　　ハードル（目標）

人事評価表

被評価者：　　　　評価日：　年　月　日　評価者：　　　　　承認者：

会社名	あおい工務店株式会社	部署名	設計部

1	自社の品質は何か？　自社の存在価値は？	「家族が集い・安らげ・帰る場所」を提供する
1-1	自社品質を実現させるために必要な人材はどのような人材か？	
	施主様の潜在的なニーズ（必要性）・ウォンツ（欲求）を引き出すことができる人材	
1-2	自社品質を実現させるために人材が身に付けるべき能力はどのような能力か？	
	施主様の潜在的なニーズ・ウォンツを引き出すヒアリング能力	
1-3	その能力を身に付けるには……／その能力が発揮されると……：2つ	
①評価項目	『提案図面』の平均作成回数	
①の評価基準	5点＝4回以内，3点＝5回から8回，1点＝9回以上	
②評価項目	お客様の『潜在ニーズ・ウォンツ』を引き出すためのメソッドを学習する	
②の評価基準	学習後レポートを：5点＝毎月提出し検証をすべてクリアする，3点＝毎月提出し検証を半数以上クリアする，1点＝レポートを1回でも期限までに未提出	
2	3年後に会社をどのようにしておきたいか？	・当社で建てていただいたオーナーに100%満足していただく ・3年後に経常利益40,000千円
2-1	そのためにはどのような人材が必要なのか？	
	見込み客様・施主様及び他部署と契約前～契約後に継続的に良好なコミュニケーションが取れる人材	
2-2	その人材が身に付けるべき能力はどのような能力か？	
	コミュニケーション能力及びコミュニケーションツール活用能力	
2-3	その能力を身に付けるには……／その能力が発揮されると……：2つ	
③評価項目	施主様の立場に立ち設計業務・企画ができる：顧客アンケート結果の年間平均点数	
③の評価基準	5点＝9.1点以上，3点＝8.5点以上9.1点未満，1点＝8.5点未満	
④評価項目	施工担当への金銭がらみの仕様変更の伝え漏れ（年間）	
④の評価基準	5点＝なし，3点＝1～2件，1点＝3件以上	
3	社長・会社の理想とする人材は？	コスト意識を持ち，自ら考え行動できる人材
3-1	その人材が身に付けるべき考え方は？	
	日々の業務について「社長の想い」を「自分ごと」として捉える考え方	
3-2	その考え方を身に付けるには……／その考え方が発揮されると……：2つ	
⑤評価項目	OB顧客からの年間紹介件数（あくまで紹介であり，契約に至らなくても可とする）	
⑤の評価基準	5点＝2件以上，3点＝1件，1点＝なし	
⑥評価項目	完成見学会の打診及び開催（年間）	
⑥の評価基準	5点＝全施主へ打診し2件開催，3点＝全施主へ打診し1件開催，1点＝開催なし	
4	業務姿勢評価項目	
⑦評価項目	仕事を依頼されたときに笑顔で引き受けることができる	
⑦の評価基準	5点＝常に快く引き受ける，3点＝快く引き受けられないときがある，1点＝快く引き受けないことが多い	
⑧評価項目	『業務日報』の徹底活用（年間を通じて）	
⑧の評価基準	5点＝毎日全項目記載，3点＝一部記載漏れあり，1点＝未使用や記載漏れが散見される	
5	会社が解決すべき課題は？	赤字体質に慣れ切った組織風土の改善・改革
5-1	部署が解決すべき課題は？	保有している顧客情報を積極活用しマーケティングに活かす
5-2	部署の課題を解決するために個人としてやるべきことを明確にする	
	明確な目標を策定し何が何でも達成する	
5-3	"5-2"のやるべきことから個人目標を決定する	
⑨評価項目	自身が設計担当した物件の完成工事高（年間：設計完了ベース）105,000千円	
⑨の評価基準	達成率：10点＝100%，6点＝90%以上100%未満，2点＝80%以上90%未満，0点＝80%未満	

> この3つ目の評価項目を例に最高点の5点を獲得するための説明をします。

　上に「カンタンすぎる人事評価制度」の評価項目の配点を再掲します。

　「カンタンすぎる人事評価制度」の各9項目のうち最高点である5点（最後の9項目目だけは最高点が10点）を達成すべきハードル（目標）として，そのハードル（目標）に達成するために，いつ，どのようなことを行動するのかの実施計画を立案し運用していけばよいのです。

　では，前章の工務店の「人事評価表」のうち3つ目の評価項目である「施主様の立場に立ち設計業務・企画ができる：顧客アンケート結果の年間平均点数」を例にとり，いかに最高点数である「5点」を獲得してい

くのかを説明しましょう（実際は9項目すべてで実施します）。

「評価項目」と「評価基準」は次のとおりです。

評価項目	施主様の立場に立ち設計業務・企画ができる→ 顧客アンケート結果の年間平均点数
評価基準	5点=9.1点以上，　3点=8.5点以上9.1点未満，　1点=8.5点以上

　当評価項目の最高評価基準である5点を獲得するために，いつ，どのようなことを活動するのか，実施計画を立案し運用していくのです。そして，その実施計画の運用状況を確認し，その結果，処置を施し，次の計画に反映させます。このPDCAを3か月に一度，評価期間である12か月間で4回廻すことになるのです。また，3か月に一度，短時間（5～10分）面接します。

　PDCAは3か月に一度廻していきます。3か月ではなく毎月PDCAを廻すのであれば人材が高評価を獲得できる可能性がさらに向上するのですが，さすがに毎月は大変だとの意見が聞こえてきますので。

【人事評価制度の評価期間が4月～翌年3月の場合】

4/1	P：計画	最高点の5点を獲得するための実施計画を立案
4/1	4/1～6/30の実施計画を基に面接	
4/1～6/30	D：運用	実施計画を運用する
7/1	C：検証	運用結果を検証する
7/1	A：処置/改善	検証の結果，是正もしくは改善する
7/1	P：計画	是正もしくは改善を反映した実施計画を立案
7/1	4/1～6/30の運用結果と7/1～9/30の実施計画を基に面接	
7/1～9/30	D：運用	実施計画を運用する
10/1	C：検証	運用結果を検証する
10/1	A：処置/改善	検証の結果，是正もしくは改善する

10/ 1	P：計画	是正もしくは改善を反映した実施計画を立案
10/ 1		7/ 1 ～ 9 /30の運用結果と10/ 1 ～12/31の実施計画を基に面接
10/ 1 ～12/31	D：運用	実施計画を運用する
1/ 4	C：検証	運用結果を検証する
1/ 4	A：処置/改善	検証の結果，是正もしくは改善する
1/ 4	P：計画	是正もしくは改善を反映した実施計画を立案
1/ 4		10/ 1 ～12/31の運用結果と 1/ 1 ～ 3 /31の実施計画を基に面接
1/ 1 ～ 3 /31	D：運用	実施計画を運用する
4/ 1	C：検証	運用結果を検証する
4/ 1	A：処置/改善	検証の結果，是正もしくは改善する
4/ 1	P：計画	是正もしくは改善を反映した実施計画を立案
4/ 1		前年度（前年 4/ 1 ～ 3 /31）の運用結果と翌年度（4/ 1 ～翌年 3 /31）のうちの 4/ 1 ～ 6 /30の実施計画を基に面接

～
以下，繰り返し

　人材側は，向こう12か月間かけて各「評価項目」の最高点獲得を目指すための計画を立案して，実行して，検証して，そして，検証の結果，処置・改善していくのですが（PDCAを廻す），実施計画を立案する際，12か月間を単純に4つに分割し，3か月ごとに均等に実施計画を立案するのではなく，繁忙期と閑散期を意識したうえで立案すべきです。

　例えば，営業等の売上目標であれば繁忙期に数値が伸びる可能性が高いですからそのような実施計画にする。また，力量を身に付ける目標であれば閑散期の時間があるときに多くの力量を身に付けるようにするなどです。このようにメリハリのある実施計画が必要なのです。

　製造業でよく言われる格言として「段取り八部」があります。段取りとは計画のことであり，八部とは80％（ 8 割）のことですから，ここでは，

適切な計画であれば80％成功したようなものと理解してください。

　実施計画立案時にいい加減な計画を立案してしまった場合，一番困り，損をするのは人材自身ですから，実施計画立案の重要性を十分に理解させておかなくてはなりません。

(1)　期　　首

①　計画（例では4月1日）

まず，最終的なハードルは何だったでしょうか？

再度「評価項目」と「評価基準」を見てみましょう。

評価項目	施主様の立場に立ち設計業務・企画ができる→ 顧客アンケート結果の年間平均点数
評価基準	5点=9.1点以上，　3点=8.5点以上9.1点未満，　1点=8.5点以上

　この「評価項目」と「評価基準」から最終的なハードル（到達点）は，以下のようになります。

到達点	顧客アンケートの年間平均点数＝9.1点以上

　この到達点に達するために最初の3か月間（例では4～6月）でどのような活動をするのかを人材自らが計画します。例えば次のように。

4～6月計画	過去の「顧客アンケート」の結果を分析し至らない点を明確にする。

社長や上司と面接

　この計画は人材が計画立案するのですが，今まで個人として目標達成のための実施計画など立案したことのない人材の場合，上手く計画立案ができない場合がありますので，その場合は，最初の面接時に面接者がアドバイスや修正をすることになります。

　ただし，前章の最後でも触れましたが，「カンタンすぎる人事評価制度」

が完成した時点で，全社的に「人事評価制度説明会」を開催されますので，その際にこの高評価獲得に向けての仕組みについても説明していただきますので，実施計画が全く立案できない人材は少ないでしょう。

②　期首面接の着眼点

面接する側（面接者）の着眼点として次のことが挙げられます。

- この実施計画で到達点をクリアできるのか？（計画が甘くないか？）
- やるべきことが多すぎないのか？（計画が厳しすぎないか？）

修正が必要な場合は，極力その場で修正し面接を終わらせてください。

修正を宿題とし，その後，再度，面接となると面接する側・される側の両方にとって負担となりますから。

実施計画が決まれば運用開始となります。

③　4〜6月の運用

人材は，実施計画に基づき3か月間運用します。

④　4〜6月の運用の実績を検証，是正もしくは改善

人材は，実施計画に基づき4〜6月に運用した結果（実績）を自分自身で検証します。そして，実施計画とおり運用できたのであればよいのですが，運用できなかった場合は，なぜできなかったのかを念頭に修正・是正・改善をする必要があります。

⑵　7〜9月

①　計　　画

4月〜6月の運用結果に対する検証を経て，次の3か月間の7〜9月の実施計画を立案します。以下，検証結果と次期の実施計画です。

4〜6月計画	過去の「顧客アンケート」の結果を分析し至らない点を明確にする。
4〜6月の実績	過去3年間の「顧客アンケート」を分析し自分の弱点を把握した。
7〜9月の計画	弱点を克服する方法を明確にしてその方法を実施する。

社長や上司と面接

② 3か月後の面接の着眼点

この面接では,

- 最初の3か月,実施計画とおり運用できたのか?
- 運用できなかった場合,その原因は何なのか?
- 運用できなかった場合,修正・是正・改善できたのか?
- 次の実施計画で到達点をクリアできるのか?(計画が甘くないか?)
- やるべきことが多すぎないのか?(計画が厳しすぎないか?)期首面接同様に修正点があればその場で修正してください。

③ 7~9月の運用

人材は,実施計画に基づき3か月間運用します。

④ 7~9月の運用の実績を検証,是正もしくは改善

人材は,実施計画に基づき7~9月に運用した結果(実績)を自分自身で検証します。そして,実施計画どおり運用できたのであればよいのですが,運用できなかった場合は,なぜできなかったのかを念頭に修正・是正・改善をする必要があります。

特に今回の検証は1年の折り返し地点ですから,仮に計画どおり行かなかったのであれは,残り半分を意識したうえで是正や改善を行う必要があります。

(3) 10~12月

① 計　画

7~9月の運用結果に対する検証を経て(全期間の半分),次の3か月間の10~12月の実施計画を立案します。以下,検証結果と次期の実施計画です。

「評価項目」の最高得点を目指してちょうど半分の半年過ごしてきた結果,どうだったのでしょうか。このままのペースでよいのか,ギアを上げるべきなのかを考慮して7か月目以降の計画を立案します。

7～9月計画	弱点を克服する方法を明確にしてその方法を実施する。
7～9月の実績	弱点であった○○と■■を克服した。
10～12月の計画	施主のライフスタイルを意識した質問を行いその回答を設計に活かす。

社長や上司と面接

② 半年後の面接の着眼点

この面接では，

- 前半の半年間，実施計画どおり運用できたのか？
- 運用できなかった場合，その原因は何なのか？
- 運用できなかった場合，修正・是正・改善できたのか？
- 残りの半年間で到達点をクリアできるのか？（計画が甘くないか？）
- やるべきことが多すぎないのか？（計画が厳しすぎないか？）他時期の面接同様に修正点があればその場で修正してください。

③ 10～12月の運用

人材は，実施計画に基づき3か月間運用します。

④ 10～12月の運用の実績を検証，是正もしくは改善

　人材は，実施計画に基づき10～12月に運用した結果（実績）を自分自身で検証します。そして，実施計画どおり運用できたのであればよいのですが，運用できなかった場合は，なぜできなかったのかを念頭に修正・是正・改善をする必要があります。

　今回，評価期間の4分の3が終了した時点での検証ですから，最後の3か月間をどのように過ごすのかについても意識したうえで是正や改善を行う必要があります。

⑷　1～3月

① 計　　画

10～12月の運用結果に対する検証を経て（全期間の半分），最後の3か月間の1～3月の実施計画を立案します。以下，検証結果と次期の実施計画です。

「評価項目」の最高得点を目指してちょうど4分の3を過ごしてきた結果，どうだったのでしょうか。最後の3か月間どのような取組みを行うのか。よく考える必要があります。

10～12月計画	施主のライフスタイルを意識した質問を行いその回答を設計に活かす。
10～12月の実績	施主の立場に立った質問を15項目設定し，質問し，設計に活かした。
1～3月の計画	施主に「迷いはないですか？」メールを週1回送信する。

社長や上司と面接

② 9か月後の面接の着眼点

この面接では，

・9か月間，実施計画どおり運用できたのか？

・運用できなかった場合，その原因は何なのか？

・運用できなかった場合，修正・是正・改善できたのか？

・残りの3か月で到達点をクリアできるのか？（計画が甘くないか？）

・次の評価期間（事例では，4月～翌年3月）を見据えて意見交換する他時期の面接同様に修正点があればその場で修正してください。

③ 1～3月の運用

人材は，実施計画に基づき3か月間運用します。

④ 1～3月及び12か月間の運用の実績を検証

　人材は，実施計画に基づき1～3月に運用した結果（実績）はもちろんのこと，12か月間（前年4月～3月）を自分自身で検証します。

　そして，最終到達点を自己評価します。自己評価といっても「カンタンすぎる人事評価制度」の評価基準は明確ですから自己評価と上司評価が相違することは稀でしょう。

④　12か月間の運用結果を基に是正もしくは改善

　高評価獲得を目指して12か月間活動してきた結果，検証しました。

　そして，達成度合いが明確になりました。次に社長や上司との面接となりますが，その前に12か月間の結果を振り返り，達成したのであれば，

- より改善できないのか？

未達成であれば，

- 達成できなかった原因は何か？
- その原因を取り去るにはどうするのか？

を明確にする必要があります。そして，それを踏まえて次年度の最初の3か月の計画を立案して面接に臨みましょう。

1～3月計画	施主に「迷いはないですか？」メールを週1回送信する。
1～3月の実績	施主からの評価が向上し，顧客アンケート結果が10点満点中9.13点を獲得できた。

社長や上司と面接

(5)　1年が終わって

①　「人事評価表」の改定

　さて，1年間終わりました。人材の評価結果はどうだったのでしょうか。

　本章の手順に従い人材を管理できたのであれば，多くの人材が高評価を獲得できることと思います。要するに「要求力量のハードル」に達した項目がたくさん出たということです。であれば，「評価項目」と「評価基準」

の改定を検討しなくてはなりません。

　一般的に人事評価制度において，一度，「人事評価表」を策定すると内容に変更を加えず 5 年も 10 年も使い続ける組織をたくさん見てきました。15 年も同一内容で使い続けていた組織もありました。

●「評価項目」を改定する場合：

　前年の「評価項目」についてほとんどの人材が最高評価を獲得できて，その内容が定着し，組織内においてルール化・仕組み化できたのであれば「評価項目」から外すべきです。その際の推奨事項として，ルール化・仕組み化できたのであれば，文書化しておくとよいでしょう。文書化とは具体的に「マニュアル」「規程」「手順書」「業務フロー図」「動画」などです。

●「評価基準」を改定する場合：

　前年度の評価結果としてほとんどの人材が高評価を獲得できたのであれば，「評価基準」を厳しくすることが必要でしょう。例えば，クレーム数が年間 3 件以下の場合に最高点である 5 点が獲得できる場合で，ほとんどの人材が 5 点を獲得したのであれば，翌年はクレーム数 2 件以下を最高点の 5 点に基準を厳しくするのです。

　「人事評価表」は，生ものです。ですから，作りっぱなしや放置しておくと腐ってきます。腐るとは少々大袈裟ですが，使わないだけならあまり害はないのですが，作りっぱなしの「人事評価表」で評価しようものなら，評価しないよりも悲惨な結果になってしまいます。だからこそ「人事評価表」は，できれば毎年，長くても 3 年に一度は改定してください。

　②　次年度（4 月～翌年 3 月）のうち 4 ～ 6 月の計画

　前年度（前年 4 月～ 3 月）の運用結果に対する検証，是正もしくは改善を経て，当年度（4 月～翌年 3 月）の最初の 3 か月間の 4 ～ 6 月の実施計画を立案します。その後は繰り返しとなります。

　以下，これまでの管理をまとめてみましょう。

4 〜 6 月計画	過去の「顧客アンケート」の結果を分析し至らない点を明確にする。	面接 4/1
4 〜 6 月の実績	過去 3 年間の「顧客アンケート」を分析し自分の弱点を把握した。	面接 7/1
7 〜 9 月計画	弱点を克服する方法を明確にしてその方法を実施する。	
7 〜 9 月の実績	弱点であった○○と■■を克服した。	面接 10/1
10〜12月計画	施主のライフスタイルを意識した質問を行いその回答を設計に活かす。	
10〜12月の実績	施主の立場に立った質問を15項目設定し，質問し，設計に活かした。	面接 1/4
1 〜 3 月計画	施主に「迷いはないですか？」メールを週 1 回送信する。	
1 〜 3 月の実績 当期12か月の実績	施主からの評価が向上し，顧客アンケート結果が10点満点中9.13点を獲得できた。	面接 4/1
翌期 4 〜 6 月の計画	○○○○○○○○○○○○○○○○○	

　いかがでしょうか。基本的には，3 か月に一度，人材と面接を重ねPDCAを廻していくのです。これを行うことにより，高評価を獲得できる人材が格段に増えるのです。

　人材が高評価を獲得するということは，

・人材が力量を身に付けたこと
・人材が成果を出したこと

です。要は組織の業績が向上することなのです。組織の課題が解決することなのです。組織の目的が達成することなのです。

　面接時間は最短 5 分，長いと15分ほど必要になりますが，要は人材が

実施計画のPDCAを上手く廻せるようになればなるほど，面接時間は短くなりますので（5分未満），人材が実施計画のPDCAを廻せるように教育することが重要です。これは一種の慣れですから，慣れてしまえばどうってことはありません。

　仮に20人の人材が在籍していた場合，

20人×5分＝100分

入れ替わりの時間を含めても120分＝2時間です。

　3か月に一度，社長自身がこの2時間をかけられるか否かが組織の成功するカギとなるのです。だまされたと思ってぜひ実施してみてください。

　この面接は，リアルなface to faceの面接ではなくてもZoomで十分です。Zoomを活用し進捗管理の文書を画面共有したうえで面接するのです。Zoomなどの画面共有機能を活用することによりface to faceの面接よりもスムーズに面接できるでしょう。

　さらにこの人材に高評価を獲得させるための取組みは，人事評価制度の進捗管理を実施することと同じです。

　これほど明確な人事評価制度で，まるで回答がわかっている試験を受けるようなことだとしても，人材側からすると日々の業務で評価のことなど忘れてしまい結果的に高評価が取れないことも起きるでしょう。これは，自業自得なのですが，「確かにそうですね。悪いのは私自身です」というように簡単には割り切れないでしょう。

　人材側からわがままな言い方をすれば，12か月放置されておいて，12か月後に「ハイ残念！あなたは下から2番目のC評価です」といきなり梯子を外されたような気分になってしまうのです。

　しかし，ここで説明したように進捗管理されていれば，たとえ，評価結果が思わしくなくても社長や会社のせいにする人材はごくわずかでしょう（残念ながらゼロではないですが）。

　さらに評価期間12か月のうち4分の3経過時の9か月終了時の自分の

進捗度を理解することにより，いきなり梯子を外された感がほとんどありません。

　以上のことから，人事評価制度における社長や会社に対する不満を軽減する効果もあるのです。とはいっても，この方法を活用することにより高評価を獲得できる人材がほとんどですから不満についてはあまり心配ないでしょう。

　当項の最後にどの組織でも10％ほど存在する人材について触れておきます。その10％人材とは，どのような良い仕組みや管理を行ったとしても低い評価しか獲得しない人材の存在です。このような人材はあえて斜に構えている人材なので，一般的な管理手法ではこちらに靡いてはくれません。言い方を変えるとわざと低い評価を獲得しているのですから。

　では，そのように斜に構えている人材にはどのような対応をすべきか？

　正直，「放置」という手もないわけではないです。ただ，問題には必ず原因がありましたね。その人材が斜に構えているのはなぜなのでしょうか？　そこで考えてみていただきたいのが，その斜に構えている人材は，入社当初からそのような態度であったのか，入社後しばらく経過してからそのような態度になったのか，どちらでしょうか？

　後者であれば，その原因をぜひともつかみたいものです。

　仮に人材の人数分だけ「人事評価表」を策定する究極の「カンタンすぎる人事評価制度」を運用する場合（カンタンすぎる人事評価制度なら可能です），その斜に構えている人材向けにも「人事評価表」を策定し，「評価項目」「評価基準」を策定することになります。その場合，次のように当該人材に聞いてみても面白いかもしれません。

　　　　「あなたが評価してほしいことはどんなことですか？」

　案外，このような簡単なことでヒトは変わることがあるのです。

　私は，ヒトは他人を変えることはできないと思っています。しかし，自分自身が変わろうと思えばヒトはいくらでも変わることができるのです。

ですから，ヒトを変えようとは思わずに，そのヒトが変わることができそうなチョットしたきっかけを投げかけることができれば素敵だと思いませんか。

「カンタンすぎる人事評価制度」は，そのようなきっかけを与えられるかもしれないツールなのです。

5 90％の人材が高評価を獲得

前項で説明したように，10％の斜に構えている人材以外，要するに90％の人材は進捗管理を実施することにより高評価獲得が可能なのです。

「カンタンすぎる人事評価制度」の総合評価に対する配点について配点表を再掲します。

自社の存在価値／自社の品質　評価項目	評価基準配点			
①　評価項目	5	3	1	
②　評価項目	5	3	1	
3年後に達成したい目的　評価項目	評価基準配点			
③　評価項目	5	3	1	
④　評価項目	5	3	1	
会社にとって必要な人材， 社長が一緒に働きたい人材　評価項目	評価基準配点			
⑤　評価項目	5	3	1	
⑥　評価項目	5	3	1	
会社にとって人材に要求する業務姿勢　評価項目	評価基準配点			
⑦　評価項目	5	3	1	
⑧　評価項目	5	3	1	
会社にとって解決すべき課題から展開する 個人目標　評価項目	評価基準配点			
⑨　評価項目	10	6	2	0

合計点の最高は50点，最低は8点
総合評価：S ＝42点以上
**　　　　　A＝36点以上－42点未満**
**　　　　　B＝26点以上－36点未満**
**　　　　　C＝18点以上－26点未満**
**　　　　　D＝18点未満**

では，高評価とはいったいどの評価を指すのか。それは，S評価，A評価です。

　最高のＳ評価から最低のＤ評価の各点数層については，各社で変更して
いただいても構いません。例えば，「Ｓ＝44点以上」のように。実際，「カ
ンタンすぎる人事評価制度」をリリースした当初は，最高のＳ評価を46点
以上に設定していたのですが，とても厳しすぎて現在の各点数層にしまし
た。

　では，最高のＳ評価を獲得するためには，各評価項目の得点をどうする
のか。Ｓ評価を獲得するためには42点以上必要ですから，50点満点中8
点の取りこぼしまで許容できます。
　仮に最後の9項目目の個人目標が10点満点を獲得できなくても，二番
目の6点を獲得できれば，5点満点項目の残り8項目のうち2項目が満
点の5点ではなく3点でも42点に到達できる計算になります。
　（3点×2項目）＋（5点×6項目）＋6点＝42点　→　Ｓ評価
　そもそも「5点＝良い，3点＝普通，1点＝悪い」であり，5点とは
少し頑張って届く範囲です。ですから，日常的に高評価獲得に向けて意識
できる管理を行っていれば，それほど難しいことではないのです。
　では，二番目に高いＡ評価を獲得するためには，どうなのでしょうか。
Ａ評価を獲得するためには36点以上必要であり14点の取りこぼしまで許
容されます。
　仮に最後の9項目目の個人目標で二番目の6点を獲得できれば，5点
満点項目の残り8項目のうち5項目が普通の3点でＡ評価に達します。
　（3点×5項目）＋（5点×3項目）＋6点＝36点　→　Ａ評価
　このように考えるとＡ評価を獲得することは難しくないのです。「カ
ンタンすぎる人事評価制度」を運用していく中で，Ａ評価の点数が甘いと
感じれば点数を厳しくすればよいのです。それほどフレキシブルに運用し
ていただいて構いません。
　Ａ評価獲得は容易であり，Ｓ評価についても十分可能であることを全社
員説明会で説明しましょう。

6 教育訓練計画への展開

　各「評価項目」の最高点が「要求力量のハードル」（要求成果のハードルを含む）ですから，そこに到達するためにどのような活動が必要なのか？　これが本章の内容ですが，その"どのような活動が必要なのか？"に教育訓練計画に反映すべき内容が含まれています。

　例えば，前述の事例で各期間の実施計画は次のとおりでした。

4～6月計画	過去の「顧客アンケート」の結果を分析し至らない点を明確にする。
7～9月計画	弱点を克服する方法を明確にしてその方法を実施する。
10～12月計画	施主のライフスタイルを意識した質問を行いその回答を設計に活かす。
1～3月計画	施主に「迷いはないですか？」メールを週1回送信する。

　例えば，4～6月の計画として"過去の「顧客アンケート」の結果を分析し至らない点を明確にする"が計画されていますが，この分析方法を身に付けていない場合やより高度な分析が必要だと判断するなら，持っていて損のない知識である「QC7つ道具」を習得する勉強会について教育訓練計画に組み込むことも一考でしょう。

　また，分析の結果，7～9月の計画では，"弱点を克服する方法を明確にしてその方法を実施する"が計画されていますが，顧客の立場に立っていない質問が散見されたのであれば，5つの顧客要求である「一般要求」「当然要求」「法的要求」「顧客特有要求」「潜在要求」を習得するための教育訓練が必要かもしれません。

　さらに1～3月の計画では，"施主に「迷いはないですか？」メールを週1回送信する"ことが計画されていますが，この際，一般的なメールソフトではなく多機能なGメール使用を組織のデフォルトとして活用す

るために「Ｇメール徹底活用のための講習会」を開催することも可能で
しょう。

　このように高評価獲得のための実施計画は，教育訓練ネタの宝庫です。

　基本的には，ここで説明している高評価獲得のための活動は，人材が個
人的に活動することが中心ですが，その実施計画を放置せずに，管理者と
して教育訓練の必要性を見出す宝庫として活用していただきたい。

　管理者には，実施計画を注視していただきたい。このことは，自社の業
績向上につながるヒントが満載ということです。

　ここでは，前述の表記を“管理者”としましたが，この管理者，目が節
穴の場合が非常に多いです。

　組織運営を「自分ごと」と捉えている社長であれば，人材が策定してき
た実施計画について経営改善のヒントが詰まっている文書として扱えるの
ですが，組織運営を「他人ごと」と感じている管理者の場合，人材が策定
してきた実施計画を見ても何も感じないし，何も閃かないのです。本当に
もったいないことです。

　一般の管理者であってもこの「経営者としての視点」（経営者マインド）
をぜひ身に付けていただきたい。それは，現在社長ではないあなたが飛躍
するキーワードなのです。

⑦　評価期間開始早々に高評価獲得が無理になった場合

　本章では，人材が高評価を獲得するための具体的な管理手法を説明して
いますが，評価期間開始早々に，ある「評価項目」が最低評価（1点）
確定になってしまった場合の対応を説明します。具体的には，4月から
翌年3月までの12か月の評価期間で，最初の1，2か月である4月や5
月に最低評価（1点）が確定してしまった場合です。

　第4章で説明した「人事評価表」の策定事例で出てきた，あおい工務
店株式会社の「評価項目」と「評価基準」で説明します。

評価項目	施工担当への金銭がらみの仕様変更の伝え漏れ（年間）
評価基準	5点=なし，3点=1〜2件，1点=3件以上

評価対象である設計担当者として，施工担当へ金銭がらみの仕様の伝え漏れが年3件以上発生した場合，当評価項目においては最低の1点になってしまいます。例えば，最初の2か月間で（5月末までに），施工担当への仕様の伝え漏れが3件発生してしまった場合，残りの評価対象期間はまだ10か月もあるというのに最低評価（1点）が確定です。

被評価者である人材からすると，「**どうせ，この評価項目についてはどんなに頑張っても1点確定だから，残り10か月は適当に過ごそう**」と思えてしまうことも仕方ありません。まだ，「**この評価項目は捨てて，他の8項目頑張ろう**」ならマシですが……。

これは，絶対に放置してはいけません。かといって，さらにしてはいけないことは，次のように温情をかけることです。

「**本来であれば当評価項目は最低の1点ですが，残りの10か月伝え漏れをゼロにできれば，普通評価の3点を付与します**」と。

これは，他の人材に対しての裏切りでもありますし，本人に対しても良くありません。なぜなら，キリがないからです。仮に前述のように温情をかけたとしても3か月目にまた，伝え漏れがあった場合どうするのでしょうか。もうキリがありません。また，同様の人材が出てきた場合はどうするのですか。ですから，きっぱりと最低の1点確定にすべきです。

ここからが本題。なぜ，2か月間で3件もの伝え漏れが発生してしまったのか？

この原因をしっかりと突き止め，その原因を取り払う再発防止策（是正処置）が必要なのです。この再発防止策ができていないと，失敗が再発する可能性が高いのです。

　この「失敗が再発する」「成功が再現できない」とは，まさに「やりっぱなしの人事評価制度」といえます。

　そもそも人事評価制度で，このような視点を持っている方はわが国に何人いるのでしょうか？　私以外にいるのでしょうか？　いたら非常に嬉しい！

　このことは，次の第6章で詳しく説明します。

「やりっぱなしの人事評価制度」
にしないこと！

1 人事評価制度の策定及び運用でさまざまなことが見えてきます

　人事評価制度を策定して運用するとさまざまなことが見えてきます。いや，「評価基準」や「評価項目」があいまいな人事評価制度では，ほとんど見えてきませんので，「カンタンすぎる人事評価制度」を策定して運用するとさまざまなことが見えてきますとしましょうか。

　この"見えてきたこと"は，経営改善・業績向上の貴重なヒントなのです。このヒントを無視してはいけません。

2 人事評価制度は，組織運営の仕組み・ルールの発見・修正・改善ツールです

　第2章の 1 (3)では，"「カンタンすぎる人事評価制度」で具体的な評価項目と評価基準を策定していくプロセスにおいて組織内のルール・仕組みづくりが可能になるのです。"と説明しました。

　このことは，「カンタンすぎる人事評価制度」を策定していくプロセスで，組織にとって必要なルール・仕組みが明確になるということです。

　そして，「カンタンすぎる人事評価制度」を運用していくプロセスにおいても，組織に存在するルール・仕組みの修正点・改善点が明確になるということです。

3 「カンタンすぎる人事評価制度」策定プロセスにおいて組織で必要なルール・仕組みが明確になる

　このことは，第2章の 1 (3)でも少し触れましたが，非常に大切なことなので改めて説明します。

　あなたが「カンタンすぎる人事評価制度」の「評価表」の「評価項目」と「評価基準」を策定する場合，次のどちらかを活用していくことになります。

A　現在運用しているルール・仕組みを活用する

B　新しく策定するルール・仕組みを活用する

　一般的な人事評価制度の場合，そもそもこのような考えに至らないのですが，マネジメントシステム屋（私のことです）が開発した「カンタンすぎる人事評価制度」では，当たり前に考えることなのです。

　なぜなら，「カンタンすぎる人事評価制度」の「評価項目」を考える場合，その組織特有の「評価項目」を設定するからです。どの組織でも当てはまるような「上司の指示どおりの作業が行えたのか？」「作業完成の期日を厳守する」などではないからです。

　そこで，現状あるルール・仕組みを検討して「評価項目」を策定していくのですが，その際，「評価基準」が設定できない場合や測れない場合，その「評価項目」は除外せざるを得ません。例えば，顧客対応について「評価項目」として設定したい場合，一般的な人事評価制度の場合，次のようになります。

[一般的な人事評価制度]

評価項目	お客様に感じの良い対応ができる
評価基準	S＝良い，A＝やや良い，B＝やや悪い，C＝悪い

　「カンタンすぎる人事評価制度」の場合，「評価項目」である "お客様に感じの良い対応ができる" について評価のモノサシが設定できないのであれば，「評価項目」とはできません。しかし，"お客様に感じの良い対応ができる" とは，どのようなことなのか？を考えます。そうです！

○○ということは？

で常に深掘りしていくのです。そして，さらに

○○になるとどうなる？

を明確にします。

　実はこの説明をしてしまうと「"カンタンすぎる" ではなくなってしまうじゃないですか！」とお叱りを受けそうですが，実はここまで掘り下げ

なくても「カンタンすぎる人事評価制度」は策定できますし運用できます。
　ただ，ここまで掘り下げることによりハイクオリティな人事評価制度となり，人材育成・企業業績向上がより一層カンタンになりますので触れさせてください。以下，私見ではありますが人事評価制度のクオリティを図示します。

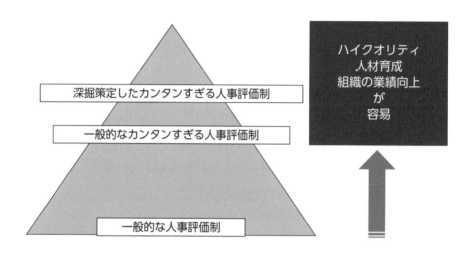

　では，前述の"お客様に感じの良い対応ができる"について「○○ということは？」で考えてみましょう。
　また，「カンタンすぎる人事評価制度」においては，○○を実現するための人材像を明確にしたうえで，その人材が身に付けるべき能力を明確にしていくプロセスがあります。
　その身に付けるべき能力として「お客様に対する感じの良い対応能力」が挙がってきたとして，「お客様に対する感じの良い対応能力」が発揮された場合にどのような良いことが起こるのかを「評価項目」「評価基準」として設定するプロセスがありますが，その「評価項目」「評価基準」が思いつかない場合の手法として以下を実践されてもよいでしょう。

お客様に感じの良い対応ができる　ということは？

↓　↓　↓

顧客対応能力が向上する

↓　↓　↓

顧客対応能力が向上する　ということは？

↓　↓　↓

お客様の真のニーズ・ウォンツを理解できるようになる

　ここで，「○○になるとどうなる」の出番です。

お客様の真のニーズ・ウォンツを理解できるようになるとどうなるのか？

↓　↓　↓

顧客満足度が向上する

　この後，「顧客満足度が向上するとどうなるのか？」と続けてもよいのですが，ひとまずこれを「評価項目」として採用できないのか検討します。

　この「顧客満足度が向上する」を評価するためにはどうすべきか。

　答えは簡単ですね。顧客満足度調査の結果を「評価基準」とすればよいのです。そこで，当該組織に顧客満足度調査という仕組みが機能しているのであれば，前述の“**A　現在運用しているルール・仕組みを活用する**”ことになりますし，仕組みが存在しないのであれば“**B　新しく策定するルール・仕組みを活用する**”ことになります。

　ここで経営判断。“A”の場合は，そのまま活用すればよいのですから問題ありません。しかし，“B”の場合は，顧客満足度調査という仕組みを運用しなくてはなりません。そこで，

**　　　この仕組みは当組織にとって必要なのか？**

を検討し，決定しなくてはなりません。

　このことを経営者が判断することが必要なのです。もし，このことを経

営者以外が人事評価制度を策定している場合に気づいたとしても，経営者以外は，組織運営を「他人ごと」と考えている人材が多いので「面倒くさい」という考えが前面に出てしまい適切な判断ができない場合が多いのです。

　その点，経営者が判断することにより費用対効果をベースに「組織運営上役立つのか？」「経営上役立つのか？」という着眼点で判断できるのです。この着眼点で検討した結果，仕組みやルールの策定に一定以上の費用が掛かる場合や，日常業務に大きな負担となる場合は見合わせることになりますが，そもそも，当時例の顧客満足調査の仕組みの構築・運用はそれほど面倒くさいことではありません。面倒くさいと考えてしまうのはその考えた人材の能力に問題があるのです。

　以上，「○○ということは？」「○○になるとどうなる？」を活用した結果，「評価項目」と「評価基準」は以下のようになります。一般的な場合（再掲）と対比してみます。

[一般的な人事評価制度]

評価項目	お客様に感じの良い対応ができる
評価基準	S＝良い，A＝やや良い，B＝やや悪い，C＝悪い

[カンタンすぎる人事評価制度]

評価項目	顧客満足度調査結果（年間平均：10点満点中）
評価基準	5点＝9点以上，3点＝7.8点以上9点未満，1点＝7.8点未満

　いかがですか？　「お客様に感じの良い対応ができる」を「S＝良い，A＝やや良い，B＝やや悪い，C＝悪い」で評価することと大違いですね。しかも，すでに顧客満足度調査が存在していれば活用でき，存在していな

ければ必要な仕組みとして策定し機能していくのです。

　少々余談になりますが，私が「人材数が社長を含めて2名の組織」から「数万人規模のメガ企業」まで，マネジメントシステム主任審査員として1,300回以上の審査経験で培った多くのことの中の1つとして，「捉えた事象の根拠と展開を考えてみる」があります。

　例えば，労災事故が発生したとしましょう。その労災事故はなぜ起きたのでしょうか？（根拠）

　そして，労災事故が起きた後，どのような対策を施したのでしょうか？（展開）

　この「根拠」と「展開」はセットとして考えることが非常に重要なのです。

　前述の一般的な人事評価制度の評価項目である「お客様に感じの良い対応ができる」について「○○ということは？」「○○になるとどうなる？」を深掘りしていくことは「展開」と考えられます。

　逆に「お客様に感じの良い対応ができるためには？」は「根拠」と考えられます。この場合，そのための能力が必要と考えます。要は，お客様に感じの良い対応をするための裏付けですね。しかし，ここでも「当組織にとってお客様への感じの良い対応とは？」を明確にしなくてはなりません。

　例えば，ホテルやレストランであれば愛想のよい対応かもしれませんし，専門コンサルタントの場合，専門的知識を素人にもわかりやすく説明できる技術かもしれません。明確にした内容により身に付けるべき能力も変わってくるのです。

　この「事象」の「根拠と展開」を考えてみることを習慣化してみると新しい学びや発見があります。社長としてはもちろん，あらゆる仕事をしていくうえで非常に強力な武器となります。もちろん，人事評価制度を策定するうえでの最高の武器となるでしょう。

　では，1つ練習を！

**　　あなたの会社ではなぜ人事評価制度が必要なのですか？**

なぜ人事評価制度が必要なのか＝根拠

人事評価制度を導入してどうしたいのか＝展開

根拠＝従業員のやる気が停滞しており組織に活気がなくなっているから

展開＝評価結果から昇給を行う

　従業員にやる気を出させ，活気ある組織にしたいのですね。であれば，人事評価制度の導入ではなく，他の施策でもよいかもしれませんし，他の施策の効果のほうが高いのかもしれません。

　「オイオイ，あなたは人事評価制度の専門家であり人事評価制度導入を勧める立場じゃないのですか？」と言われそうですね。もちろん私は人事評価制度の専門家です。しかし，人事評価制度を勧める立場ではありません。間違っても，常夏の国の住民にダウンジャケットが必要だとは言いません。

　いいですか！　前述の根拠である"従業員のやる気が停滞しており組織に活気がなくなっている"原因が必ず存在しているのです。その原因を突き止めないで，対策を施すのは愚かなことだと申し上げているのです。

　従業員のやる気が停滞している原因が，組織に人事評価制度がないことではなく，社長が従業員に興味を示していないと従業員が感じてしまっていることが原因の場合はどうでしょうか？　この場合，社長自らが従業員に積極的に声がけするだけで解決してしまうかもしれません。費用もゼロで手間もほんのわずかです。しかも，効果が高そうです。

　これが新しい発見であり学びなのです。原因追及についても「根拠」を明確にすることと同様なのです。

④ 「カンタンすぎる人事評価制度」運用プロセスにおいてルール・仕組みの修正点・改善点が明確になる

　前項では，「カンタンすぎる人事評価制度」策定時に必要なルール・仕組みについて説明しましたが，ここでは，運用後にルール・仕組みが必要

になった場合の対策を説明します。まさに本章の"「やりっぱなしの人事評価制度」にしないこと！"に直結している部分です。

　前章（第5章）最後の項で"評価期間開始早々に高評価獲得が無理になった場合"について説明しましたが再掲しましょう。

評価項目	施工担当への金銭がらみの仕様変更の伝え漏れ（年間）
評価基準	5点=なし，3点=1～2件，1点=3件以上

　以上の「評価基準」で，最初の2か月間で伝え漏れを3件発生させてしまい，残り10か月あるにもかかわらず最低評価の1点が確定した事例でした。

　このような場合，温情は一切かけずに1点を確定していただけばよいのですが，放置はいけません。

　なぜ，2か月間で3件もの伝え漏れが発生してしまったのか？

　原因を追及したうえで，原因を取り除く再発防止策（是正処置）を必ず実施してください。このことは，「やりっぱなしの人事評価制度」を防ぐことになります。

　人事評価制度を運用していると，組織にとって是正すべき・改善すべきサインが出されます。このサインを見落としてはいけないのです。

　ただ，この再発防止処置。思ったほど簡単ではありません。どの部分が難しいのかというと，皆さん安易に原因を特定してしまうからです。

　例えば，「施工担当への金銭がらみの仕様変更を伝え漏らしたのか？」について次のような原因が出されます。

　• 伝えたと思っていた

　• 仕様変更を忘れていた

　• 金銭が発生しないと勘違いしていた

　また，ヒドイ場合には

　• うっかりミス

なんて原因も何のためらいもなく出されます。

　これらはすべてヒューマンエラーの意図しない不適切行動に当たるのですが，それにしても安易に原因を特定しすぎでしょう。

　このような原因特定では再発防止策（是正処置）は実施できません。

　再発防止策（是正処置）とは，原因を特定して，その特定した原因を取り除くことでしたね。では前述の3つの原因を取り除けるのでしょうか？

　少々難しいですね。この原因追及については製造業に従事している方であれば慣れている方も多いのですが，それ以外の方は慣れていないため原因追及が非常に安易というかできない場合も多いのです。しかし，それでは再発防止はできませんし，組織も良くなりません。

　原因追及の手法はいくつかあるのですが，ここでは一番簡単な「なぜなぜ分析」を紹介します。「なぜなぜ分析」とは，読んで字のごとく「なぜ」を繰り返して真の原因を突き止める手法です。

　では，前述の"仕様変更を忘れていた"で当てはめてみましょう。

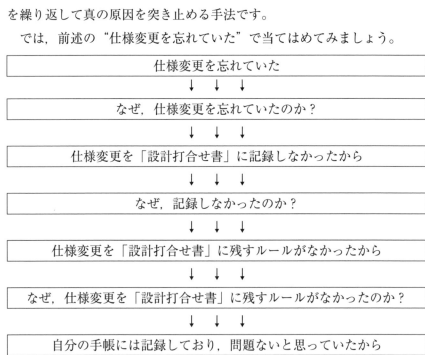

仕様変更を忘れていた

↓　↓　↓

なぜ，仕様変更を忘れていたのか？

↓　↓　↓

仕様変更を「設計打合せ書」に記録しなかったから

↓　↓　↓

なぜ，記録しなかったのか？

↓　↓　↓

仕様変更を「設計打合せ書」に残すルールがなかったから

↓　↓　↓

なぜ，仕様変更を「設計打合せ書」に残すルールがなかったのか？

↓　↓　↓

自分の手帳には記録しており，問題ないと思っていたから

⋮

　私は，この「なぜ」を最低でも3回続けてくださいとお願いしています（某有名企業では，「なぜ」を5回続けるとのこと）。その場合の注意点として，3回目の「なぜ」で出てきた答えが真の原因とは限らないことです。「なぜ」を3回行えばどれかが真の原因の可能性が高いということです。1回目の「なぜ」に対する回答が真の原因の可能性もあります。

　前述の例では，"仕様変更を「設計打合せ書」に残すルールがなかったから"という2回目の「なぜ」に対する回答を原因として採用しましょう。

　以上，施工担当への金銭がらみの仕様変更の伝え漏れを防止するために「金銭がらみの仕様変更が発生した場合，変更内容と施工担当者にいつ伝えたのかを『設計打合せ書』に必ず記録することをルール化する」を再発防止策（是正処置）として実施することになります。

　このように人事評価制度の進捗管理の中で

- 思わしくないことが発生した場合
- 好ましいことが発生した場合

について常にアンテナを張り巡らし，

「ルール化・仕組み化できないのか？」

を検討していただきたいのです。

　この例のように3回も伝え漏れが発生してから再発防止策（是正処置）を行うのではなく，発生1回目で行うことができればさらに効果的です。

　このことにより

- **失敗の再発防止**
- **成功の再現**

が可能になり，まさに「やりっぱなしの人事評価制度」ではなく，

発生した事象の根拠と展開を実現し組織の業績向上を実現する

ことになるのです。

　「カンタンすぎる人事評価制度」とは，このような有益な活用法もあるのです。人材育成はもちろんのこと，業績向上を実現するためのルール・仕組みづくりも実現できるツールなのです。

第7章

「人事評価表」以外に
あると良いもの

1 「カンタンすぎる人事評価表」だけでも十分ですが

「カンタンすぎる人事評価制度」を運用する場合，「人事評価表」だけで十分なのですが，組織の状況によっては作成したほうが良いものがあります。その代表的なものを以下，説明していきましょう。

2 職能資格等級

職能資格等級については，序章の"④「要求力量のハードル」の設定方法"で少し触れましたが，中小企業が「職能資格等級」を策定する場合，具体的な内容にすべきです。間違っても大企業のように抽象的な表現に終始しないようにしてください。

「職能資格等級」は，「要求力量のハードル」を明確にした文書の位置づけですから，組織内の人材が見た場合に明確にイメージできる内容であることが必要です。「私はこの力量を身に付ければいいんだ」と。

では，「職能資格等級」は，どのような場合に策定すべきなのでしょうか。

まずは，部署の人数です。私見としては同一部署の人数が10人を超えなければ職能資格等級は作成不要との見解ですが，単純に部署の人数だけでは判断がつかないものです。

では，どのように判断するのか。それは，同一部署の中で技能・知識・能力・力量に大きな差がある人材が混在している場合に必要であると判断します。なぜなら，人材自身に「あなたはこの位置づけですよ」と明確に認識してもらうことができるからです（もちろん，「要求力量のハードル」を明確にした文書としては当然ですが）。

また，部署に人材が1人しか在籍していなくても，「要求力量のハードル」を越えさせるために段階を踏んでいくためにも「職能資格等級」の存在は有益といえるでしょう。ただ，「要求力量のハードル」を示した文書としては，「力量表」「スキルマップ」のほうが策定しやすいと思いますの

で，そちらを活用したほうが簡単です。

　「要求力量のハードル」を越えるための第一歩は，人材自身が現状の自身の力量がどのレベルなのかを認識する必要があります。だからこそ，要求力量を越えることを目指せるのです。

　では，「職能資格等級」を明文化した「職能資格等級定義表」の策定方法を説明します。策定方法としてはさまざまなアプローチがありますが，私自身が実践している一番簡単な方法をお伝えします。

　「職能資格等級定義表」の策定は部署ごとに策定しますので仮に建設業の場合は，工事部，営業部，総務部でしょうか。

　工事部の「職能資格等級定義表」を策定する場合，工事部の業務内容を理解している人材に2人くらい出席してもらいましょう（1人でも構いません）。

　準備するものは，パソコンとパソコン画面を映すプロジェクターや大画面テレビとExcelです。プロジェクターも大画面テレビもない場合は，画面共有できるZoomなどを活用すればよいでしょう。

　ただ，私が一番お勧めしたいのは，Googleスプレッドシートで参加者が共同編集していく方法です。この方法だと例えば参加者が3人の場合，皆同じGoogleスプレッドシートの画面を見ながら同時に打ち込んでいけるからです。

　どの方法を活用するにしても，作業の手間は大きくは変わらず，完成品のクオリティには関係ありませんので，皆さんが準備できる方法で実施してください。

　そして，職能資格等級を何等級にするのかあらかじめ決定してください。中小企業の場合，私は6等級をお勧めしていますが，運送会社のドライバーのように能力に大きな差が出にくい場合は3等級でもよいでしょう。この等級は，部署によって異なっても問題ありません。例えば次のように。

- 運送業の場合：管理部 = 6 等級，輸送部 = 3 等級
- 建設業の場合：工事部 = 6 等級，営業部 = 6 等級，設計部 = 6 等級
  総務部 = 6 等級だが 5，6 等級は設定しない

　では，実際の作業方法です。パソコンへの打ち込み担当は 1 人であろうと 3 人であろうと（共同編集できる Google スプレッドシートの場合），業務内容をランダムに Excel 等のセルにどんどん打ち込んでいきましょう。その際，非常に参考になるのは，製造業の場合は「QC 工程表」などです。建設業の場合は「施工計画書」の内容。それ以外でも各業種で作業手順書や業務フロー図があれば積極的に活用してみてください。ただ，そのような文書がなくても，業務に精通している人たちですから各自の頭の中にある作業を Excel 等のセルに打ち込んでいけばよいのです。

　ひと通り Excel 等に打ち込んだ後は，それを作業の難易度別（等級）に分けましょう。

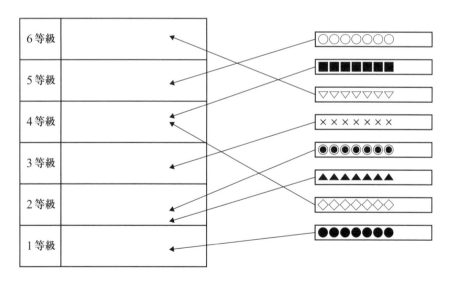

　注意点として同部署のだれが見てもわかりやすい表現にすることや，できる限り「〇〇ができる」という表現にしましょう。

例えば，建設工事の積算について考えてみましょう。

単に「積算」と書いた場合，民間工事 or 公共工事のどちらなのか。また，10万円の工事の積算なのか1億円の工事の積算なのか。さらに「積算ができる」のか「積算を教えることができるのか」「積算を理解しているのか」があいまいですね。

一口に「積算」と言っても工事部が6等級ある場合，さまざまな表現方法となるでしょう。以下，「積算」を例にとり「職能資格等級定義表」にしてみましょう。

6等級	1億円以上の公共工事の積算金額の調整ができる
5等級	すべての積算方法を教えることができる
4等級	すべての公共工事の積算ができる
3等級	積算ソフトが扱え1000万円までの公共工事の積算ができる 公共工事すべての積算業務が指導を受けてできる すべての民間工事の積算ができる
2等級	100万円までの公共工事の積算ができる
1等級	10万円までの民間工事の積算ができる

他にもその等級に必要な資格（建設業の場合，1級土木施工管理技士，1級建築士など）があれば等級に振り分けてください。ただし，あくまで受験して得られる資格だけにしてください。受講さえすれば認定される資格は除いてください（たとえ，受講時間最後に確認テストがあったとしても）。

そのような受講させすれば認定される資格については，その資格自体を等級に振り分けるのではなく，その資格に基づいて行う作業能力を振り分けてください。

また，「職能資格等級定義表」で明確にした技能・知識・能力・力量は，あくまで保有している技能・知識・能力・力量であって，発揮された技能・知識・能力・力量ではないことを認識してください。発揮された技

能・知識・能力・力量については，「人事評価表」の評価対象となります。

「職能資格等級定義表」が完成したら，各人材を各等級に位置づけるプロセスが必要になります。その各人材を各等級に位置づけるのは，その人材の技能・知識・能力・力量を理解している管理者です（通常は直属の上司）。

各等級に人材を位置づけた結果を本人に開示しますが，ここでも当然，位置づけの根拠が必要となります。

人材の中には自己評価が高い人材もいますので（一説では人材の約70％が実態よりも自己評価のほうが高いとのこと），「私はこの能力がある」と主張する人材に対して，「あなたにはその能力が備わっていません」と客観的に説明できないといけません。とはいえ，「職能資格等級定義表」の等級の位置づけについてあまり問題になる例は少ないのが私の経験から言えます。

また，職能資格等級は，上位等級に位置づけられることがよいと一概に言えないことも事前に組織内の全人材に伝えておくことです。例えば，「人事評価表」を「1，2等級用評価表」「3，4等級用評価表」「5，6等級用評価表」の3種類策定した場合，2等級と3等級の境目の人材であるAさんにとって「1，2等級用評価表」で評価されたほうが高評価を獲得できるからです。「3，4等級用評価表」の場合，当然難易度が高くなりますので高評価を獲得し難くなりますから。

「職能資格等級定義表」以外にも「要求力量のハードル」を明確にした「力量表」「スキルマップ」「力量到達表」などがあるとよいでしょう。

③ 人材育成制度：すでに構築済み？

一般的な人事評価制度の場合，人材育成が目的であることを謳っていながら，「ではどのような育成の仕組みがあるのですか？」の問いに対して，「人事評価制度を運用することで人材育成が実現できるのです」と回答される場合がありますが本当にそうなのでしょうか。確かに結果的に「人材育成ができた」場合がありますが，あくまで"できた"ですね（"できる"

と"できた"の大きな違いについては第2章⑥を参照)。

　一般的な人事評価制度の場合,「評価項目」も「評価基準」もあいまいなので「要求力量のハードル」の設定ができていないのですから,そもそも人材はどこを目指せばよいのかがわかりません。だから育成もできないのです。

　そして,確かに人材育成の仕組みを兼ね備えた人事評価制度の存在も知っていますが,そのような人事評価制度は総じて,非常に複雑。使うのが至難の業。大変なのです。

　では,「カンタンすぎる人事評価制度」における人材育成の仕組みとはどうなのでしょうか。「カンタンすぎる人事評価制度」の場合,そもそも「評価項目」と「評価基準」が明確ですから「要求力量のハードル」も明確で,高評価を獲得していくことで人材育成が可能なのです。

　さらに高評価獲得のための"しかけ"(第5章参照)である高評価獲得に向けての進捗管理・PDCAを廻すことにより人材育成が実現できますからこれこそが「人材育成制度」といえるでしょう。

　他にも第5章⑥で説明した高評価獲得へ向けた進捗管理から教育訓練計画への展開も人材育成制度といえるのです。

【カンタンすぎる人事評価制度における人材育成制度】

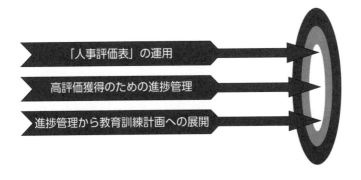

「人事評価表」の運用

高評価獲得のための進捗管理

進捗管理から教育訓練計画への展開

④ 賃金制度（給与制度）

　本書の読者の方が経営している・勤務している組織ではすでに何らかの
賃金制度が存在していると思います。ただ，人事評価制度の評価結果の展
開先として賃金改定が真っ先に思い浮かびますので，人事評価制度の導入
をきっかけに賃金制度の改定を試みる組織も多いと思います。

　また，今までなんとなく従業員の賃金を決めてきたので，規定に則り決
定していきたいと願う経営層・管理者層も多いと思います。

　賃金制度を明確にした文書は「賃金規程」ですが，「賃金規程」は「就
業規則」の一部であり，附則という位置づけですから，本来，賃金制度に
ついては，「就業規則」において規定され，あえて別規定とする場合は
「賃金規程」となります。

　そもそも，賃金の決定，計算及び支払いの方法，賃金の締切り及び支払
いの時期並びに昇給に関する事項は，「就業規則」の絶対的記載事項とい
う「就業規則」に必ず規定すべき内容ですから，「就業規則」策定義務の
ある常時10名以上の労働者を使用している事業場では何らかの賃金決定
及び計算の仕組みがあるということです。

　で，その賃金制度をどのように改定するのかですが，賃金制度構築の説
明をし出すとそれだけで1冊の本が完成してしまうのでここではサラッ
と説明します。ただ，賃金制度の改定において大前提としてお願いしたい
ことは，新賃金制度に移行する場合，賃金は1円も下げないということ
です。

(1) 賃金制度の改定手順　その1：現状の賃金を明確にする

　まず初めに，現状の賃金構成を明確にします。実態把握ですね。

　基本給の決定方法はあるのか？

　基本給の構成はどうなのか？（単に基本給だけなのか，他の手当を含め
て，その合計を基本給としているのか？）

他の手当である，役職給，年齢給，勤続給，職能給，等級給，皆勤手当など労働の対価として支払われている賃金（除外賃金を除く）の決定方法，計算方法はどうなっているのでしょうか？

賃金制度が普通に機能している組織の方からすると，"労働の対価として支払われている賃金（除外賃金を除く）の決定方法，計算方法はどうなっているのでしょうか"という私の問いに非常に違和感を覚える方もいらっしゃるかもしれませんが，実は，人材が入社するたびに「エイ！ヤー！」で決めている組織も存在しているのです。だからこそ「きちんとしたい」と思われるのかもしれません。

特に中途入社がほとんどの組織では，中途入社人材の前職における給与を参考に給与を決定することが多いこと，ワンマンな社長が多いことなどの理由でその都度給与を決定することが多いのです。現状はどうあれ，実態を把握する必要があります。

(2) 賃金制度の改定手順　その2：新賃金制度を策定する

次に新賃金制度の策定に着手します。

まず，最初に5歳ほどの年齢刻みでおおよその総支給額を決定するのです。例えば，18歳，23歳，28歳，33歳，38歳，43歳，48歳，53歳，58歳というように。そして，給与・手当の構成を決定したうえで，支給額の決定方法及び計算方法を決めましょう。その際，当然ですが，支給総額が各年齢層の総支給額に収まるように給与・手当の支給額を決定します。

ここでの注意点として，基本給以外は，どのような場合にいくら支給するのかという決定の根拠を明確にしておくことです。役職給であれば，部長＝100,000円，課長＝80,000円のように。

また，年齢給であれば，いくらから始まって，毎年いくら昇給するのか（ピッチを決定する）？　そして，何歳まで昇給するのか？　何歳から昇給がなくなるのか（フラット）？　何歳から降給するのか？　なども決定します。

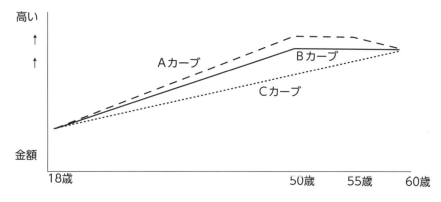

【年齢給の賃金カーブ例】

高い

↑

↑

Aカーブ

Bカーブ

Cカーブ

金額

18歳　　　　　　　　　　　　　50歳　　55歳　　60歳

　上図でAカーブは，18歳から50歳まで毎年上昇し，50歳から55歳はフラットになり，55歳以降は下降します。Bカーブは18歳から50歳まで毎年上昇し，50歳以降はフラットになります。Cカーブは18歳から60歳まで毎年上昇し続けます。プラス毎年の昇給ピッチも決定します。

　他にも勤続給は勤続何年目まで上昇するのかを決定しその昇給ピッチも決定します。他の給与・手当も同様に決定していきます。

(3) 賃金制度の改定手順　その３：旧賃金と新賃金制度における賃金を比較する

　実態である旧賃金と新賃金制度における賃金を全員分比較しましょう。

　比較（シミュレーション）の結果，新賃金制度における賃金が多くなるのでしたら組織として実質の増加負担分ですからそれに耐えられるのか。

　賃金は固定費であり，労働・社会保険料の負担も増加します。そこを勘案して増加負担分を検討する必要があります。仮に増加負担分に耐えられないのであれば，新賃金制度の各賃金を再度調整することになります。

　また，比較（シミュレーション）の結果，旧賃金のほうが多くなるのでしたら新賃金制度に移行したからといって賃金を下げるわけにいかないので，降給分は移行給や調整給などの名目で補填することになります。

　以上，文字にすると大変そうに思えるのですが，実際はExcel画面をプロジェクターに映して作業していくことになります。その際，当社が実施しているお勧めの方法は，Googleスプレッドシート（Excelとほぼ同様）をプロジェクターに映して助手と共同編集してシミュレーションしていく方法です。この方法だと，2人が同時に作業できるので，1人が賃金額を変更したり，調整したりしている間にもう1人が関数を変更するなどして作業が非常にスムーズです。もちろんZoomでも可能です。

⑷　賃金制度改定を実施する時期はいつが良いのか

　賃金制度を改訂する時期で一番良いのは，定期賃金改定（一般的には定期昇給）の時期です。なぜなら昇給原資を賃金改定原資に充てられるからです。

⑤　人事評価制度と連動した「就業規則」

　当社が「カンタンすぎる人事評価制度」の導入支援をさせていただく場合，必ず「就業規則」を確認させていただきます。これは，人事評価制度と「就業規則」の内容に齟齬が起こらないために必要なのです。まさに，「1＋1＝2」が一般的ですが，人事評価制度と「就業規則」に齟齬がある場合，「1＋1＝1」になってしまいます。逆に連動している場合は，「1＋1＝3」になります。あなたの会社は「3」を目指しましょう。

　では，人事評価制度と「就業規則」をどのように連動させるのでしょうか。一番良い方法は，あらかじめ「就業規則」を読み込んだうえで「カンタンすぎる人事評価制度」の「評価項目」と「評価基準」を策定していく方法ですが，これはなかなか大変なので，もう少し簡単な方法をお伝えします。

　完成した「人事評価表」の「評価項目」と「評価基準」が「就業規則」の内容と相反していないのかを確認してください。特に服務規律あたりを

中心に確認すればよいのですが，一般的に「就業規則」は，WordやExcel
で作成していると思いますので，「評価項目」の主要単語を「就業規則」
の文書ファイル上で単語検索していくと容易に確認できるでしょう。

　ただ，この「人事評価表」の「評価項目」と「評価基準」が「就業規則」の規定内容と相反していないのかを確認する方法の場合，あくまで「1＋1＝2」にしかなりません（それでも十分といえますが）。では，「1＋1＝3」にする方法をお伝えします。

　その方法とは，「人事評価表」の「評価項目」の内容を「就業規則」の任意的記載事項（内容によっては相対的記載事項）として規定していくのです。例えば，139ページの「人事評価表」では，次の「評価項目」があります。

評価項目	施主様の立場に立ち設計業務・企画ができる： 顧客アンケート結果の年間平均点数
評価項目	施工担当への金銭がらみの仕様変更の伝え漏れ（年間）
評価項目	OB顧客からの年間紹介件数 （あくまで紹介であり，契約に至らなくても可とする）
評価項目	完成見学会の打診及び開催（年間）

　これらを「就業規則」に加えてみてはいかがでしょうか。例えば，
- 従業員は常に顧客の立場に立ち業務を遂行する
- 金銭に絡む報告・連絡は○○システムを活用し記録に残す
- OB顧客様に対して常にコミュニケーションを心がけ紹介を依頼する
- 完成見学会開催時は部署を問わず全社員が協力する

などです。

　さらに各仕組みを策定し規定したり，他文書に展開を示唆したりすることが望ましいですが，ここでは割愛します。

　以下，あくまで私見ですが，一般的に「就業規則」は，「してはならない」ことが書いてある「べからず規則」であったり，「○○しなければならない」という「強要規則」であったりしますが，本来，労使が気持ちよく前向きに業務遂行するための文書であるべきだと思います。だとすると，業務遂行・組織改善のために徹底的に使い倒せる文書であるべきでしょう。

　作成はしたが，人材が「就業規則」を読むのは退職するときだけでは，もったいないですね。

　ちなみに「就業規則」の作成は社会保険労務士の業務ですから，賃金規程」の作成も同様です。そのため当社が「就業規則」「賃金規程」の作成を依頼された場合は社会保険労務士として受託しています。

補 章

「カンタンすぎる人事評価制度」
への不安・疑問点

1 よくいただく質問

質問1：こんなに簡単な人事評価制度で大丈夫ですか？

回答1：大丈夫です。

　人事評価制度を策定したものの運用できていない一番の原因は，人事評価制度が複雑すぎるからです。だからこそシンプルイズベストなのです。

　複雑な仕組みをシンプル化するのは，シンプル化することにより機能しなくなる可能性があるので勇気がいりますが，シンプルな仕組みに肉付けしていくことは容易なので，「カンタンすぎる人事評価制度」に物足りなさを感じたら機能を追加すればよいのです（多分，その必要はないと思いますが）。

質問2：「評価項目」がたった9項目で大丈夫ですか？

回答2：大丈夫です。

　評価項目がたった9項目で大丈夫とは，評価漏れ項目があることを心配されているのでしょうか？

　私自身，人事評価制度に携わり27年超ですが，そのキャリアの中で100項目や50項目の人事評価制度を策定したことがあります。でも，それでも評価漏れがあるのです。また，私が現在でも要望があれば対応させていただいている「プロジェクト導入方式人事評価制度」においては，評価項目数12項目ですが，評価項目が少ないという感想をいただいたことはありません。

　実は，「カンタンすぎる人事評価制度」でも，評価項目を最高17項目にもでき，実際，17項目策定した企業，15項目策定した企業，11項目策定した企業が6社ほどありましたが，すべて翌年には9項目に戻されました。シンプルが良いということで。

「カンタンすぎる人事評価制度」の「評価項目」は9項目ですが，2つの評価項目を1つの評価項目にまとめることで，実質の「評価項目」を増やすことができます。例えば，139ページの評価項目を再掲します。

評価項目	OB顧客からの年間紹介件数 （あくまで紹介であり，契約に至らなくても可とする）
評価基準	5点＝2件以上，3点＝1件，1点＝なし

これにもう1つ「評価項目」を加えて1つの「評価項目」にします。

評価項目	OB顧客への紹介依頼。 OB顧客からの年間紹介件数。 （あくまで紹介であり，契約に至らなくても可とする）
評価基準	5点＝年間30人以上に紹介依頼し2件以上紹介を受ける， 3点＝年間20人以上に紹介依頼し1件紹介を受ける， 1点＝以外

いかがですか？　2種類の「評価項目」を1つにまとめていますね。

ちなみに「評価基準」ですが，年間100人に紹介依頼しても紹介を受けたのが0人の場合は「1点」となります。

ですから「カンタンすぎる人事評価制度」の「評価項目」は9項目で大丈夫です。

質問3：自社で本当に運用できるでしょうか？
回答3：大丈夫です。

「カンタンすぎる人事評価制度」は，私が知る限り一番運用がラクな人事評価制度です。この人事評価制度が運用できないのであれば，人事評価制度の運用自体を諦めてください。

質問４：社長が勝手に策定した人事評価制度では，社内の賛同が得
　　　　られないのでは？
回答４：大丈夫です。

　「カンタンすぎる人事評価制度」に限らず，社内で賛同が得られない人
事評価制度はどのような人事評価制度でしょうか？

　46ページの人事評価制度に対する意識調査を見てください。

　そこには，人事評価制度に対する不満の理由がありますね。

　「評価基準が不明確」「評価者の価値観や業務経験によって評価にばらつ
きが出て不公平だと感じる」「評価結果のフィードバック，説明が不十分，
もしくはそれらの仕組みがない」「自己評価よりも低く評価され，その理
由がわからない」。

　「カンタンすぎる人事評価制度」では，これらの不満の理由をすべて払
拭しています。また，"社長が勝手に策定した"の"勝手"とは，明らか
に合理性・客観性・公平性が欠けている場合の不満です。

　社長が「カンタンすぎる人事評価制度」の「評価項目」「評価基準」を
策定する場合，この"合理性・客観性・公平性"を策定後に一度確認して
みてください。恐らく大丈夫でしょう。

　ただ１つ助言しておきます。人材は，自分の不得意な部分は評価され
たくないし，得意な部分を評価してほしいと思います。その考えから「○
○を評価項目に加えてほしい」との具申があれば，笑顔で「ハイ，検討し
ておきますね」とありがたく頂戴してください。で，実際に前向きに検討
してください。このことは，人材が人事評価制度に興味を持ってくれ，
「自分ごと」と感じた非常にありがたい現象なのですから。

　最後の質問として，社長にとって切実な質問を挙げておきます。この質
問は，毎月実施している「カンタンすぎる人事評価制度勉強会」の2021
年12月に実際にいただいた質問です。少々長いですがぜひ熟読いただけ

れば幸いです。

> 質問5：人材が「要求力量のハードル」を越えるために費やす時間
> 　　　　と費用は人材自身が負担することになるのでしょうか？
> 　　　　人事評価がなくても自己負担で自己啓発している人材がい
> 　　　　る一方で会社が求めているのだから時間も費用も組織が負
> 　　　　担すべきという人材の意見にどう対処すべきですか？
> 回答5：社長としては耳が痛い質問ですね。

　この回答について，当社の人材に考えさせた結果を以下，掲載します。

社会保険労務士としての着眼点からの回答

　人材が業務指示に従うために個人負担した費用（セミナー受講料，書籍
購入費等）は組織が実費弁償的に負担することが必要。

　人材のプライベートのリソース（資金，時間，設備等々）を無償で業務遂
行のために使わせその投入リソース自体を評価対象とすることは良くない。

人事制度コンサルタントとしての着眼点からの回答

　基本的に社会保険労務士の回答と同じだが，自ら時間と費用を負担して
業務に当たってくれたことには報いてあげることがモチベーションのアッ
プとなる。その1つの方法としては賞与への色付けがよいのではないか。
もちろん他の方法も多数ある。

人材（働く者）としての意見

　私の力量は私のものであり，私の技量は私に所属する。

　それらについて，力量向上のためにリソース（資金，時間，設備等々）
を自分自身が負担することに違和感はない。一方でそれをしない人材に対
して非難する気持ちもない。

私が自分で身に付けた力量・技量をどのように使うか，会社のために使うか，使わないかも私の自由である。

　私が会社のために使う場合，それは会社との取引に近いものがある。

　私が自身で身に付けた力量・技量を提供するのだから，適切に評価してください。そして，対価を支払ってください。

　このことから評価や対価がないのなら，自分の力量・技量を提供することを止めたり，あるいは減らしたりする選択肢もあり得る。ただ，「対価」は金品に限らず，「頑張っているね」という労いだけでも構わない。

著者（山本）の意見

　前述の三者からの意見（社会保険労務士，人事制度コンサルタント，人材）を聞いて，社会保険労務士・人事制度コンサルタントとしての着眼点の回答に異論はありません。

　ただ，少々付け加えますと，組織運営も人事評価制度も労働関係法令を遵守することが必要ということ。これらの法令を無視したかのような人事評価制度にお目にかかることがありますが絶対に止めるべきです。

　ですから，「要求力量のハードル」を越えるために費やす時間と費用は原則組織が負担する必要があります。例えば資格試験に合格するための受験料やテキスト代は組織が負担してあげてもよいでしょう。しかし，高額な受験講座の費用やその受験講座を受講している時間の賃金までは負担の必要はないと思います。なぜなら，資格自体は個人に与えられる資格であり，人材退職時にユニフォームと一緒に会社に返却する必要はありません。

　そもそも自己啓発とは本人の意思により行うことですから組織が負担するのであれば，それは福利厚生といえるでしょう。

　問題は，自己啓発の結果を人事評価に反映させる場合です。これは少々難しい問題ですが，私見としては人材が自己啓発の結果，手にした成果に対して高評価を与えることは問題ないですし，自己啓発の結果が思わしく

ない人材や自己啓発を行わない人材に対して不利益を与えないのであれば
よいと思います。

　また，自己啓発としてそれほど難易度の高くない資格試験の勉強や，書
籍を読む時間は，勤務時間中に行うべきと思います。

　私は，「時短マネジメントシステム」という，ムダな労働時間削減・生
産性向上の仕組みを開発し指導もしていますが，その中で常に感じている
のは，ヒトは忙しいといいながらムダの宝庫ということです。多忙といい
ながらYahoo!ニュースを見る時間や，個人的なメール返信の時間，スマ
ホいじりの時間，過度に余裕を持った移動時間，過度に長いトイレなど全
く仕事をしていない時間が相当あります。であれば，その時間を自己啓発
などに充てればよいのです。

　私は，前述の当社の人材の“**人材（働く者）としての意見**”を聞いて
ホッとしました。このような人材ばかりであれば良い会社になると。

　しかし，現実には自己啓発も自己投資もできない人材が多いことも事実
です。自分磨き・自分の知識の蓄積のために必要な書籍も会社負担で買わ
せる。いや，これが悪いといっているのではなく，残念なのです。この気
持ちは社長さんであればご理解いただけると思います。

② まずやってみる：学んで・作って・使って・成果を出す

「カンタンすぎる人事評価制度」

これほどシンプルな人事評価制度は他にないと思います。

　ですから，まず，この本を読み終えたら「人事評価表」を作ってくださ
い。作り方がわからなければ，本を読み返してください。勉強会に出席し
てください（Zoomでも会場でも毎月実施しています）。

　「カンタンすぎる人事評価制度」の導入スケジュールを再掲します。

【カンタンすぎる人事評価制度　導入スケジュール】

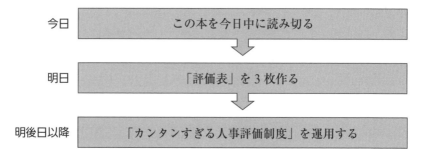

今日	この本を今日中に読み切る
明日	「評価表」を3枚作る
明後日以降	「カンタンすぎる人事評価制度」を運用する

この本を読んで終わりにしないでください。
早速，作りましょう！

学んで
作って
使って
成果を出す

おわりに

たった1日で作って，本当に明日から使えます！

　この本の主役は「カンタンすぎる人事評価制度」であり，「要求力量の
ハードル」ですが，そもそも，この「要求力量のハードル」を思いついたの
は，人事制度・人事評価制度コンサルとしてでも，社会保険労務士としてで
もありません。それは，マネジメントシステム主任審査員（ISO 9001・ISO
14001・ISO 22000・ISO 39001・ISO 45001）・コンサルタントとしてです。

　このマネジメントシステム関連の活動の中でマネジメントシステムの師
匠である萩櫻子先生から教えていただいた「プロセスの要求事項」が「要
求力量のハードル」のベースになっています。今でも講義で萩櫻子先生か
ら「プロセスの要求事項」について板書して教えていただいた光景を鮮明
に記憶しています。この「プロセスの要求事項」の知識を基にさまざまな
学び・発見があり，私のコンサルタントとしてのコア（芯）となっています。

　この本をお読みいただければ，社長が自力で「カンタンすぎる人事評価
制度」が導入でき，運用もできます。しかし，この本に書いてあることを
体系的に実現されたいのであれば（自組織の課題抽出・目的決定―「カン
タンすぎる人事評価表」策定―組織内の他の仕組みとの連動―組織で必要
なルール・仕組みの洗い出し・策定―人材が高評価を獲得―組織のルー
ル・仕組みの修正・改善―ノウハウ化―組織の業績向上及びハイクオリ
ティなカンタンすぎる人事評価制度策定），ご連絡いただければ，確約は
できませんができるだけ対応させていただきます。また，勉強会もZoom
と会場の両方で定期的に開催しておりますので一度覗いてみてください。

[謝意]

　この本の執筆にあたり，中央経済社の牲川健志様，出版コーディネー
ターの小山睦男様ありがとうございます。

　そして，自ら考え行動してくれている当社職員の面々。感謝！

201

【参考文献】

山本昌幸（2020年）『人事評価制度が50分で理解でき，１日で完成する本』同
　　友館。

山本昌幸（2021年）『従業員のための人事評価，社長のための人材育成』同友館。

山本昌幸（2019年）『働き方改革に対応するためのISO45001徹底活用マニュア
　　ル』日本法令。

山本昌幸（2016年）『人手不足脱却のための組織改革』経営書院。

山本昌幸（2015年）『社長のための残業ゼロ企業のつくり方』税務経理協会。

山本昌幸・末廣晴美（2014年）『「プロセスリストラ」を活用した真の残業削
　　減・生産性向上・人材育成 実践の手法』日本法令。

山本昌幸（2017年）『短時間で成果をあげる働きながら族に学べ！』労働調査会。

山本昌幸（2017年）『社長の決意で交通事故を半減！社員を守るトラック運輸
　　事業者の５つのノウハウ』労働調査会。

山本昌幸（2011年）『運輸安全マネジメント構築・運営マニュアル』日本法令)

山本昌幸・粟屋仁美（2013年）『CSR企業必携！交通事故を減らすISO39001の
　　キモがわかる本」セルバ出版・三省堂。

【著者略歴】

山本　昌幸（やまもと　まさゆき）

1963年生。

あおいコンサルタント株式会社　代表取締役。

社会保険労務士・行政書士事務所　東海マネジメント所長。

食品会社，損害保険会社を経て現職。

自ら10名の組織を率い，コンサルタント，マネジメントシステム審査員として全国を行脚。

人事制度指導歴28年，マネジメントシステム指導歴・審査歴23年。

従業員数2名～数万人規模の企業に対する1300回以上の審査経験から「カンタンすぎる人事評価制度」「ワントゥワン人事管理」を開発。

主な保有資格：

ISO 9001・ISO 14001主任審査員（JRCA），

ISO 22000・ISO 39001・ISO 45001主任審査員（審査登録機関），

社会保険労務士（特定），行政書士。

連絡先：あおいコンサルタント株式会社

愛知県名古屋市中区栄3-28-21建設業会館7階　☎052-269-3755

メールアドレス：my@aoi-tokai.com
あおいコンサルタント株式会社HP：aoi-tokai.com
ロードージカンドットコム：rodojikan.com

「カンタンすぎる人事評価制度」についてはHPをご覧ください

| カンタンすぎる | 検索▶ | | ボスキャン | 検索▶ |

[企画]
インプルーブ　小山睦男

今日作って明日から使う
中小企業のためのカンタンすぎる人事評価制度

2022年3月25日　第1版第1刷発行

著　者　山　本　昌　幸
発行者　山　本　　　継
発行所　㈱中央経済社
発売元　㈱中央経済グループ
　　　　パブリッシング
〒101-0051　東京都千代田区神田神保町1-31-2
電話　03 (3293) 3371 (編集代表)
　　　03 (3293) 3381 (営業代表)
https://www.chuokeizai.co.jp
印刷／三英印刷㈱
製本／有井上製本所

©2022
Printed in Japan